아가페사랑경영관점에서 본
해양 생태계
(UN SDG 14)
- 유엔 지속가능개발목표 14 -

박종욱

아가페사랑경영관점에서 본 해양 생태계(UN SDG 14)

발　행 | 2022년 12월 16일
저　자 | 박종욱
펴낸이 | 박종욱
표지디자인 | 김은정
펴낸곳 | 주식회사 에이비씨컨설팅
출판사등록 | 2021.01.28.(제2021-20호)
주　소 | 서울특별시 서초구 남부순환로 350길 36 프랜닥터 8층(양재동)
전　화 | 010-5241-6019
이메일 | jopark@assist.ac.kr

ISBN | 979-11-92786-09-4

ABC CONSULTING

아가페사랑경영관점에서 본 해양 생태계

(UN SDG 14)

- 유엔 지속가능개발목표 14 -

박종욱

저자 소개

박종욱

- 서울대학교 학사
- 서울신학대학 M.Div
- 서울과학종합대학원 경영학 PhD

대학재학 중에 평생교육에 눈을 뜨고, 20대에 선교단체 간사로서 선교단체를 중심으로 대학생들을 일깨웠으며, 30대에 목회자로서 지역교회를 중심으로, 초등학생, 중고등학생, 대학생, 청장년, 노년에 이르기까지 전 연령대의 학습자들을 지도했으며, 40대에 직업훈련교강사 및 코치로서 대기업, 중소기업, 스타트업의 CEO, 임원, 직장인들을 위한 직업훈련교육 및 코칭을 통해서 직업과 관련된 역량강화에 매진하였다. 50대에 경영학 박사학위(2021. 2)를 받고, 서울과학종합대학원 글로벌평생학습원 주임교수(2021. 3)로서 보다 전문적인 인재 양성을 위해 인생의 후반부를 헌신하고 있다. 최근 아가페사랑경영관점으로 본 지속가능개발목표(UN SDGs)를 연구하여 저술하는 작업에 집중하고 있다.

연구분야: 유엔 지속가능개발목표(UN SDGs),

아가페사랑경영학, 아가페사랑경영관점, 사랑경영학,

조직구성원의 행복, 코칭리더십, 진성리더십, 도전적 스트레스,

조직지원인식, 회복탄력성, 심리적 임파워먼트, 감사성향,

직무재창조, 학습목표지향성, 피드백추구행동, 창의적 자기효능감,

혁신행동, 그릿, 직무만족, 성장마인드셋

저서: 『사랑경영학』(프롤로그: 조직구성원의 행복 – 이론편)

『아가페사랑경영관점에서 본 품위 있는 일자리 제공』

『아가페사랑경영관점에서 본 인생청사진 – 인생의 마지막 기말고사』

『아가페사랑경영관점에서 본 빈곤 퇴치(UN SDG 1)』

『아가페사랑경영관점에서 본 기아 종식(UN SDG 2)』

『아가페사랑경영관점에서 본 건강과 웰빙(UN SDG 3)』

『아가페사랑경영관점에서 본 양질의 교육(UN SDG 4)』

『아가페사랑경영관점에서 본 양성평등(UN SDG 5)』

『아가페사랑경영관점에서 본 물과 위생(UN SDG 6)』

『아가페사랑경영관점에서 본 깨끗하고 저렴한 에너지(UN SDG 7)』

『아가페사랑경영관점에서 본 깨끗하고 양질의 일자리(UN SDG 8)』

『아가페사랑경영관점에서 본 깨끗하고 혁신과 인프라 구축(UN SDG 9)』

『아가페사랑경영관점에서 본 깨끗하고 불평등 완화(UN SDG 10)』

『아가페사랑경영관점에서 본 지속가능한 도시(UN SDG 11)』

『아가페사랑경영관점에서 본 지속가능한 소비와 생산(UN SDG 12)』

『아가페사랑경영관점에서 본 지속가능한 기후변화 대응(UN SDG 13)』

목 차

아가페사랑경영관점에서 본
해양 생태계(UN SDG 14)

제 1 장 아가페사랑경영관점

제 2 장 SDG 14: 해양 생태계

제 3 장 COVD-19가 SDG 14에 미친 영향

제 4 장 문제 제기

제 5 장 SDG 14의 실현을 위한 다양한 사례들

    1) 다양한 기업 사례들

    2) 기타 다양한 기업 사례들

    3) NGO단체들

제 6 장 마치는 글

1. 아가페사랑경영관점

사랑경영학은 사랑과 경영학의 합성어이다. 조화를 이루기가 힘든 두 단어라고 볼 수 있다. 사랑과 경영학은 과연 융합이 될 수 있을 것인가? 본 저자가 사랑경영학의 가능성에 대해서 처음으로 접한 것은 서울과학종합대학원대학교 경영학 박사과정 재학 중에 경영학의 구루이신 조동성 이사장님의 강의를 통해서이다. 조동성 이사장님은 주체 기반 이론, 환경 기반 이론, 자원 기반 이론을 통합한 메커니즘 기반관점을 제시한 분이시다. 메커니즘 기반 관점에 대해서 강의를 하시는 중간에 플로어에서 누군가가 질문을 하였다. "교수님이 보시기에 메커니즘 다음 즉 next step은 무엇이라고 생각하시는지요?" 이에 대한 조동성 이사장님의 답변이 본 저자의 과거와 현재를 명확하게 정리하고 미래의 방향성에 큰 획을 그어주었다. 답변의 키워드는 바로 "사랑 경영", "사랑 경영학"이었다.

수십년 동안 경영학 연구에 매진하신 조동성 이사장님이 기업의 지속가능을 위한 핵심 키워드로서 "사랑 경영", "사랑경영학"을 말씀하신다면 그것은 바로 본 저자가 그 자리에 있었던 이유, 과거에 살아왔던 여정에 대한 해석, 그리고 앞으로 나아가야 할 사명이라는 영감이 강하게 밀려왔다. 10여 년 전 목회자로서 10년간 화려하게 승리를 거두었던 지역교회 목회를 뒤로 하고 스스로를 경제영역 파송선교사로 정의하고 경제영역에서 스타트업, 중소기업, 대기업을 누비며 수없이 많은 CEO분들, 임원분들, 직장인분들을 교육하고, 코칭하고, 컨설팅하면서 달려왔다. 이 모든 여정이 바로 사랑경영학을 교육하고, 코칭하고, 컨설팅해 왔던 것이라는 정리가 순간적으로 분명하게 되었다. 더 나아가 10여년간의 경제영역 파송선교사로서의 사역을 정리하면서 느끼고 있었던 한계점이 바로 이 사랑경영학에 대한 학문적 토대가 부족해서였다는 것을 확신할 수 있었다.

이러한 과정을 통해서 앞으로 본 저자의 사명은 사랑경영학을 학문적으로 정립하고 사랑경영학을 확산하여 보다 많은 경영인들이 사랑으로 기업을 경영하여, 함께하는 모든 조직구성원들이 행복할 수 있도록 돕는 바로 그것이라고 확신할 수 있었다. 그렇게 다짐하고 약 1년전 [사랑경영학 프롤로그: 조직구성원의 행복 - 이론편]과 소책자 단행본 [아가페 사랑경영관점에서 본 품위 있는 일자리(SDG 8)]을 출간하였다. 이러한 연구과정에서 사랑경영학을 기독교 신학과 경영학의 융합으로 보고, 사랑경영학의 특정분야로서 아가페 사랑경영관점을 제안하게 되었다. 사랑경영이라고 할 때, 다양한 사랑경영이 존재할 수 있다. 연인 간의 사랑을 상징하는 에로스 사랑경영도 가능할 것이고, 친구 간의 우정을 상징하는 필레오 사랑경영도 가능할 것이고, 부모의 사랑을 상징하는 스톨게 사랑경영도 가능할 것이다. 그러나 본 저자는 기독교 신학의 아가페 사랑경영을 논하고자 한다. 따라서 아가페 사랑경영이란 기독교 신학에 입각한, 하나님의 말씀에 근거한 경영이라고 볼 수 있다. 이를 아가페사랑경영관점으로 명명하고자 한다.

아가페사랑경영관점에서 사랑은 성경에 나와 있는 아가페 사랑을 의미한다. '과연 영리를 목적으로 하는 기업이 아가페 사랑에 근거하여 경영을 하는 것이 가능한가?'라는 질문을 하지 않을 수 없다. 그러나 경영을 해 본 사람이라면 누

구나 느낄 것이다. 정말 올바르게 하려면, 정말 정도(正道)로 경영하려면, 정말 윤리적으로 경영하려면, 더 나아가 정말 조직구성원 모두가 행복한 경영을 하려면 아가페 사랑으로 경영하지 않으면 안된다는 것을 누구나 고백할 수 밖에 없을 것이다. 모든 개념은 정의가 중요하다는 데 동의할 것이다. 그렇다면 아가페사랑경영관점에서 사랑 즉 아가페 사랑을 어떻게 정의할 수 있을 것인가? 바로 아가페사랑경영관점의 사랑에 해당하는 아가페 사랑의 조작적 정의가 아가페사랑경영관점을 논의하는데 있어서 가장 중요할 것이라고 생각한다.

아가페 사랑은 교회를 열심히 다니고, 기독교 신앙심이 깊은 분들이라도 정확하게 정의하기가 쉽지 않을 것이다. 아가페 사랑의 정의를 잘 안다고 하는 사람이라도 '신적인 사랑, 희생적인 사랑' 정도로만 정의할 수 있을 것이다. 따라서 이 책을 통해서 아가페 사랑을 새롭게 조작적으로 정의하고자 하다 흔히 성경의 아가페 사랑에 관한 가장 유명한 본문은 고린도전서 13장이다. 너무나 유명해서 많은 분들이 알고 계실 것이다. 간략한 내용은 다음과 같다. 고린도전서 13장 4에서 7절이다. "사랑은 오래 참고 사랑은 온유하며 시기하지 아니하며 사랑은 자랑하지 아니하며 교만하지 아니하며 무례히 행하지 아니하며 자기의 유익을 구하지 아니하며 성내지 아니하며 악한 것을 생각하지 아니하며 불의를 기뻐하지 아니하며 진리와 함께 기뻐하고 모든 것을 참으며 모든 것을 믿으며 모든 것을 바라며 모든 것을 견디느니라" 언뜻 보면 아가페 사랑의 정의를 "오래 참는 것"과 같이 정의할 수 있을 것 같은 생각이 든다. 그러나 이 고린도전서 13장은 아가페 사랑의 정의라기보다는 아가페 사랑의 특징이라고 볼 수 있다. 이 고린도전서 13장은 추후 아가페사랑 경영관점을 실천하는데 있어서 중요한 지침이 된다는 면에서는 매우 중요한 성경 구절이라고 볼 수 있다. 그러나 아가페 사랑의 정의를 의미한다고 보기는 좀 어려워 보인다. 따라서 본 저자는 성경이 말하고 있는 아가페 사랑의 정의를 좀 생소한 성경구절에서 찾아보고자 한다. 바로 에베소서 5장 28절과 29절이다. 먼저 28절은 다음과 같다. "이와 같이 남편들도 자기 아내 사랑하기를 제 몸 같이 할찌니 자기 아내를 사랑하는 자는 자기를 사랑하는 것이라" 28절은 남편과 아내 간의 사랑을 언급하고 있다. 남편들이 자기 아내를 아가페 사랑으로 사랑하기를 자기 몸을 사랑하는 것 같이 하라는 것이다. 자기 아내를 아가페의 사랑으로 사랑하는 자는 자기 자신 즉 자기 몸을 아가페의 사랑으로 사랑하는 것이라고 언급하고 있다.

더 나아가 29절은 다음과 같다. "누구든지 언제든지 제 육체를 미워하지 않고 오직 양육하여 보호하기를 그리스도께서 교회를 보양함과 같이 하나니" 누구든지 언제든지 자기 육체를 미워하지 않고 사랑하는 사람은 자기 몸을 양육(육성)하고 보호한다는 것이다. 이렇게 자기 몸을 사랑하는 자는 그리스도께서 교회를 보양함과 같이 한다는 것이다. 여기서 보양한다는 것이 보호하고 양육(육성)한다는 말의 줄임말이다. 28절과 29절을 연결하면 자기 자신, 자기 몸을 아가페의 사랑으로 사랑하는 사람은 자기 몸을 양육(육성)하고 보호한다는 것이다. 그리스도께서 아가페의 사랑으로 교회를 사랑하여서 보양 즉 보호하고 양육(육성)하는 것과 같이 말이다. 여기서 우리는 성경이 말하고 있는 아가페 사랑의 정의를 심플하게 규정할 수 있다. 성경이 말하는 아가페 사랑은 보호하고 양육(육성)하는 것이다. 자녀를 양육해 본 경험이 있는 사람이라면 이 정의가 매우 입체적으로 다가올 것이다. 우리는 자녀를 보호한다. 동시에 양육(육성)한다. 왜 그렇게 하는가? 사랑하기 때문이다. 너무 보호만 해서도 안되고, 너무 양육 즉 육성에만 초점을 맞춰서도 안된다. 너무 보호만 하면 자녀는 유약해지고, 너무 육성시키려고만 하면 자녀는 견디기 힘들어하고 일탈하게 된다. 다시 말해서 적절하게 보호하고, 적절하게 양육 즉 육성시켜야 한다.

이러한 맥락에서 본 저자는 아가페사랑경영관점을 논할 때, "아가페 사랑"의 조작적 정의를 "(대상의 상황과 특성에 맞게) 보호하고 육성(양육)하는 것"이라고 정의하고자 한다. 경영학과 연결시키자면, 경영자는 경영자 자신을 비롯하여 모든 조직구성원들을 보호해야 하고, 모든 조직구성원들을 육성해야 한다. 경영을 Plan, Do, See로 정의한다면, 보호와 육성의 관점으로 계획하고, 보호와 육성의 관점으로 실행하고, 보호와 육성의 관점으로 평가하고 피드백한다면 이를 아가페사랑경영관점으로 경영한다고 말할 수 있을 것이다. 이렇게 보호와 육성의 관점으로, 혹은 보호와 육성을 극대화하는 방향으로 기업을 경영해 나간다면 기업이 지속적인 이윤을 내어서 지속가능할 뿐 아니라, 기업이 정도(正道)로 경영되고, 기업이 윤리적으로 경영되어 지속가능할 수 있다는 논리적인 전개를 할 수 있을 것이다. 더 나아가 모든 조직구성원들이 행복하게 될 수 있는 결과에 도달할 수 있을 것이다. 따라서 아가페사랑경영관점은 이러한 아가페 사랑경영관점으로 경영하는 것을 의미한다. 즉 보호와 육성의 관점으로 경영하는 것을 의미한다. 이러한 맥락에서 앞으로 아가페사랑경영관점을 논하고자 한다.

전술한 바와 같이 아가페사랑경영관점은 사랑의 대상을 보호하고 육성하는 기독교 전통의 보양(保養)의 관점을 의미한다(엡 5:29). 아가페 사랑은 사랑 실천의 대상을 보호(protection)하고 육성(nutrition)하는 것을 의미한다. 이러한 아가페 사랑과 가장 유사한 개념이 있다면 그것은 부모가 자녀를 양육하는 parenting이라고 볼 수 있다. 따라서 아가페사랑경영관점은 parenting leadership과 유사하며 보호와 육성이라는 두 가지 핵심요소를 가지고 있다. 이러한 아가페사랑경영관점은 경영자들이 기업을 지속가능하게 하기 위한 노력의 핵심동기가 될 수 있을 것이다. 더 나아가 아가페사랑경영관점은 기업이 지속가능성을 높이기 위한 다양한 노력들이 단순한 비용이 아니라 투자라는 관점으로 접근할 수 있도록 경영자의 시각을 전환시킬 수 있을 것이다.

대한민국의 많은 기업들이 이 아가페사랑경영관점으로 모든 조직구성원들을 보호하고 육성하는 방향으로 경영을 해 나간다면 대한민국은 이전보다 더욱 정도(正道)를 향해 나아가며, 더욱 윤리적이며, 더욱 지속가능한 기업들을 보유할 수 있을 것이라고 확신한다. ESG경영이 화두가 되고 있는 현 시점에서 아가페 사랑으로 경영하는 "아가페사랑경영관점"은 논의할 가치가 있다고 생각한다. 더 나아가 본 저자는 이 아가페사랑경영관점으로 본 UN의 지속가능발전목표 SDGs를 논의해보고자 한다. 보호와 육성이라는 아가페사랑경영관점에 근거하여 UN의 지속가능발전목표들을 각각 살펴보고자 한다. 더 나아가 본 연구를 통해 UN SDGs의 실천을 위한 근본적인 동기로서 아가페사랑경영관점을 제안하고자 한다.

2. SDG 14: 해양 생태계

해양, 바다 및 해안 지역은 지구 생태계의 통합되고 필수적인 구성 요소를 형성하며 지속 가능한 개발에 중요하다. 그들은 지구 표면의 2/3 이상을 덮고 있으며 지구 물의 97%를 함유하고 있다. 바다는 지속 가능한 생계와 양질의 일자리를 창출함으로써 빈곤 퇴치에 기여한다. 30억 명이 넘는 사람들이 생계를 위해 해양 및 연안 자원에 의존하고 있다. 또한 바다는 세계 식량 안보와 인간 건강에 매우 중요하다. 그들은 또한 지구 기후의 주요 조절자이자 온실 가스의 중요한 흡수원이며 우리가 호흡하는 물과 산소를 제공한다. 마지막으로 바다는 거대한 생물다양성의 보고다.

지속 가능한 개발을 위한 해양의 중요성은 국제 사회에서 널리 인식되고 있으며 어젠다 21의 17장, 요하네스버그 이행 계획 및 지속 가능한 개발 위원회에서 내린 다양한 결정에 구체화되어 있다. Millennium Ecosystem Assessment는 모든 인간이 지구의 생태계와 그들이 제공하는 서비스에 의존하고 있음을 강조한다. Rio+20 결과 문서인 우리가 원하는 미래에서 회원국들은 "인류가 자연과 조화롭게 살도록 안내하고 지구 생태계의 건강과 온전성을 복원하려는 노력으로 이어질 지속 가능한 개발에 대한 총체적이고 통합된 접근"을 촉구했다. 이러한 맥락에서 그들은 무엇보다도 "빈곤 퇴치, 지속적인 경제 성장, 식량 안보, 지속 가능한 생계 및 양질의 일자리 창출에 기여하는 것 등을 포함하는 지속 가능한 개발을 위한 해양과 바다 및 해양 자원의 보존 및 지속 가능한 사용"을 강조했다. 이에 따라 2014년 8월 유엔 총회에 제출된 지속가능발전목표에 관한 공개실무그룹 제안서에는 "지속가능한 발전을 위한 해양, 바다 및 해양자원의 보존 및 지속가능한 이용"을 목표로 하는 지속가능발전목표(SDG) 14가 포함되어 있다. 해양 및 바다와 관련된 문제는 2015년 Post-2015 개발 의제 채택을 위한 유엔 정상회의 결과 문서인 지속 가능 개발을 위한 2030 어젠다에 따라 SDG 14의 10개 목표 및 기타 많은 관련 SDG에서 다루어진다.

해양, 바다 및 해양 자원이 인간의 복지에 성공적으로 기여하기 위해서는 생지화학적 및 물리적 과정이 적절하게 기능하는 생태계 보전이 필요하다. 여기에는 교란되지 않은 시스템이 아니라 심각하거나 돌이킬 수 없는 피해를 입지 않은 시스템이 필요하다. 생태계 무결성은 소위 지원 생태계 서비스의 제공을 허용하며, 이는 다시 인간에게 매우 중요한 중요한 규제, 제공 및 문화 생태계 서비스의 기반이 됩니다. 해양, 바다 및 해양 자원이 제공하는 혜택은 모든 사람에게 중요하지만, 천연 자원 및 생태계 서비스에 대한 의존도가 높은 빈곤층, 원주민 및 취약 계층의 웰빙은 특히 이러한 혜택과 관련이 있을 수 있다. 해양, 바다 및 해양 자원과 인간의 복지 사이의 연결 고리는 일방적이지 않다. 생태계 보전의 대가로 인간 복지의 증가가 자주 발생하지만, 또한 예를 들어 자원의 보다 지속 가능한 사용, 생산 및 소비 패턴의 변화, 인간 활동의 개선된 관리 및 제어로 인해 해양 환경에 미치는 부정적이고 인위적인 영향을 잠재적으로 줄일 수 있다. 그러나 이를 위해서는 좋은 거버넌스와 지원 환경이 필요하다.

해양, 바다 및 해양 자원은 인간 활동에 의해 점점 더 위협받고, 저하되거나 파괴되어 중요한 생태계 서비스를 제공하는 능력을 감소시킨다. 위협의 중요한 등급은 무엇보다도 기후 변화, 해양 오염, 해양 자원의 지속 불가능한 추출, 해양 및 해안 서식지와 경관의 물리적 변경 및 파괴다. 해안 및 해양 생태계와 서식지의 악화는 전 세계적으로 인간의 복지에 부정적인 영향을 미치고 있다. 예를 들어 보다 지속 가능한 자원 사용, 생산 및 소비의 변화로 인해 해양 환경에 대한 부정적인 인위적 영향을 줄이기 위해서는 좋은 거버넌스, 가능 환경, 지속 가능한 육상 및 해양 기반 인간 활동 및 적절한 조치가 필요하다. 인간 활동의 패턴 및 개선된 관리 및 제어. 프로젝트와 조치는 이상적으로는 생태계 접근 방식에 따라 통합되고 부문 간 및 규모 간 방식으로 설계되고 구현되어야 하며 모든 이해 관계자가 참여해야 한다. 인간의 복지는 지구 생태계의 보호와 보전 없이 달성될 수 없다. 바다가 인류에게 제공한 삶의 질을 유지하면서 생태계의 온전함을 유지하기 위해서는 인간이 해양, 바다 및 해양 자원을 바라보고 관리하고 이용하는 방식에 변화가 필요하다.

세계의 해양과 바다는 계속해서 증가하는 산성화, 부영양화 및 플라스틱 오염에 맞서 싸우고 있으며, 이는 지구의 가장 큰 생태계와 이에 의존하는 수십억 명의 생계를 위협하고 있다. 전염병은 주로 의료 폐기물에서 나오는 일회용 플라스틱의 증가로 인해 약 25,000톤의 플라스틱 폐기물이 전 세계 바다로 꾸준히 유입되면서 그 부담을 덜어주지 못했다. COVID-19 대유행으로 인한 초기 폐쇄로 인해 대부분의 국가에서 어류 생산이 40-80% 감소했으며 소규모 어업 공동체가 가장 큰 타격을 받았다. 전염병은 또한 관광업의 급격한 감소로 이어져 해안 및 섬 지역 사회에 상당한 소득 손실을 초래했다.

위성에서 파생된 부영양화 지표는 2016년부터 현재까지 증가 추세를 보이고 있다. COVID-19 팬데믹은 관광 및 활동 감소로 인해 특정 지역의 해안 오염을 어느 정도 감소시켰을 수 있지만, 팬데믹이 전 세계적으로 부영양화를 감소시킨 것으로 보이지는 않는다. 실제로 2020년과 2021년 역년 평균에 대한 지표의 최고 값이 이전 연도의 평균 값과 비교하여 23% 이상 증가했다. 해양 산성화는 해양이 대기 중 CO_2를 흡수하여 pH 수준이 감소하고 해양 산성화가 증가하여 해양 생물과 해양 서비스에 부정적인 영향을 미치는 결과다. 2022년에 35개국 308개 관측소에서 수집된 데이터는 전 세계 해양에서 해양 pH의 지속적인 감소와 변화

속도의 강한 지역적 차이를 관찰할 수 있는 국가의 역량 증
가를 강조한다.

2018년에서 2022년 사이에 지표로 측정된 불법, 미신고
및 규제되지 않은 어업을 퇴치하기 위한 국제 기구의 평균
이행 정도가 전 세계적으로 개선되었다. 이 기간 동안 글로
벌 집계 지표는 3에서 4로 상승했다(최대 점수 5점 중). 따
라서 국가들은 2018년의 70%에 비해 2022년에는 관련 국
제 문서의 이행 정도에서 거의 75%에 가까운 높은 점수를
받아 전반적으로 좋은 진전을 이루었다. 2022년 국제 영세
어업 및 양식의 해에는 소규모 어업을 지원하고 참여 의사
결정을 촉진하는 규제 프레임워크의 채택 수준이 전 세계적
으로 향상되었다. 글로벌 평균 점수는 2020년 5점 만점에
4점, 2018년 5점 만점에 3점에서 2022년 5점 만점에 5점
으로 높아졌다.

전반적으로 많은 국가들이 1982년 해양법에 관한 유엔 협
약(168개 당사국)과 그 이행 협정을 비준하거나 가입했다.
이 협정에는 1982년 12월 10일 유엔 해양법 협약 제11부
이행에 관한 협정(151개 당사국)과 경계왕래어족 및 고도회

유성어류의 보존 및 관리(the Conservation and Management of Straddling Fish Stocks and Highly Migratory Fish Stocks)에 관한 1982년 12월 10일자 유엔해양법협약 조항의 이행을 위한 협정(91개 당사국) 등이 있다. 많은 국가가 법적, 정책 및 제도적 틀을 통해 이러한 수단을 시행했지만, 이는 몇몇 개발도상국, 특히 최빈국에서 더 발전해야 할 영역으로 남아 있다. 이러한 맥락에서 SDG 14의 세부목표를 정리하면 다음과 같다.

SDG 14: 해양, 바다 및 해양 자원을 보존하고 지속 가능한 개발을 위해 사용한다.

14.1 2025년까지 해양 쓰레기와 영양염류 오염을 포함하여 특히 육지기반 활동으로부터 발생하는 모든 종류의 해양 오염을 예방하고 상당한 수준으로 감소시킨다.

14.2 2020년까지 부정적 영향을 피하기 위해 회복력을 강화하는 방법으로 해양 및 연안 생태계를 지속가능하게 관리 및 보호하고 건강하고 생산적인 대양으로 만들기 위해 복구 조치들을 이행한다.

14.3 모든 수준에서의 과학협력을 강화하여 해양 산성화의 영향을 최소화 하고 이에 대응한다.

14.4 최소한 생물학적 특성에 따라 결정되는 최대지속가능 산출량을 생산할 수 있는 수준까지 가능한 한, 최단 기간에 어족자원을 복원하기 위해, 2020년까지 효과적으로 어획을 규제하고, 남획, 불법, 비보고, 비규제 어업 및 파괴적인 어업관행을 종식하며, 과학에 기초한 관리계획을 이행한다.

14.5 2020년까지 현재의 과학적 정보를 기초로하고 국가 및 국제법과 부합하는 방식에 따라 최소한 연안 및 해양지역의 10%를 보존한다.

14.6 WTO 어업보조금 협상에 개발도상국 및 최빈국에 대한 효과적인 특별대우가 중요함을 인정하고 2020년까지 생산과잉 및 남획, 불법, 비보고, 비규제 어업에 기여하는 특정형태의 어업 보조금 금지 그리고 이와 유사한 신규 보조금 도입을 자제한다.

14.7 2030년까지 수산업, 양식업 및 관광산업의 지속가능 관리를 포함하여 해양자원의 지속가능한 사용을 통하여 최빈개도국 및 군소도서 개도국의 경제적 이익을 증대시킨다.

14.a 해양건강을 개선하고 개발도상국, 특히 군소도서 개도국과 최빈개도국의 개발에 대한 해양 생물다양성의 기여를 강화하기 위해 정부간해양학위원회의 기준과 지침을 고려하여 과학적 지식 증대, 연구역량 개발 및 해양기술을 이전한다.

14.b 소규모 영세어업자들에 해양자원 및 시장 접근성을 제공한다.

14.c '우리가 원하는 미래'(The Future We Want) 보고서의 158번째 단락에서 언급된 대양 및 대양자원의 보존 및 지속가능한 이용을 위한 법적체계를 제시하는 UNCLOS(United Nations Convention on the Law of the Sea)에 반영된 국제법 이행을 통해 대양 및 대양 자원의 보존 및 지속가능한 이용을 개선한다.

3. COVD-19가 SDG 14에 미친 영향

인간 활동은 지구의 가장 큰 생태계인 해양과 바다를 위험에 빠뜨리고 있으며 수십억 명의 생계에 영향을 미치고 있다. 계속되는 해양 산성화와 해수 온도 상승은 해양 생물을 위협하고 해양 생태계 서비스에 부정적인 영향을 미치고 있습니다. 예를 들어, 2009년에서 2018년 사이에 세계는 산호초의 약 14%를 잃었다. 산호초는 종종 "바다의 열대우림"이라고 불리는데, 산호초가 지원하는 놀라운 생물다양성 때문이다.

바다는 또한 해양 생물에 해를 끼치고 결국 먹이 사슬에 들어가는 다양한 오염원으로 인해 스트레스가 증가하고 있다. 급속도로 증가하는 어류 소비(1990년에서 2018년 사이 122% 증가)와 해당 부문 관리에 대한 부적절한 공공 정책으로 인해 어류 자원이 고갈되었다. 해양 건강의 감소와 싸우려면 강화된 보호 노력과 지속 가능한 청색 경제를 위한 솔루션 채택이 필요하다. 여기에는 전체적 천연 자원 관리 및 경제 개발을 지원하기 위해 육지, 물, 삼각주, 강어귀, 해안, 근해 및 해양 생태계 사이의 연결을 직접 다루는 "소스-투-바다(source-to-sea)" 접근 방식이 포함된다.

증가하는 산성화는 해양이 기후 변화를 완화할 수 있는 능력을 제한하고 있다.

바다는 세계 연간 이산화탄소(CO_2) 배출량의 약 4분의 1을 흡수하여 기후 변화를 완화하고 그 영향을 완화한다. 그러나 이 중요한 서비스에는 대가가 따른다. 탄산염 시스템을 변경하고 바다의 산성도를 증가시킨다. 해양 산성화는 유기체와 생태계 서비스를 위협하고 어업과 양식업을 위험에 빠뜨리며 산호초를 약화시켜 해안 보호에 영향을 미친다. 향후 수십 년 동안 산성화의 추가 증가가 가속화될 것으로 예상된다. 산성화가 악화되면 대기에서 CO_2를 흡수하는 해양의 능력이 감소하여 기후 변화를 완화하는 역할이 제한된다.

지난 2년 동안 해양 산성화를 보고하는 관측소의 수는 2021년 178개에서 2022년 308개로 거의 두 배가 되었다.

보고 및 데이터의 격차는 여전히 남아 있다. 외해의 관측 지점(Observation sites in the open ocean)은 지난 20~30년 동안 pH가 지속적으로 감소했음을 나타낸다. 반면 해안 관측은 여러 스트레스 요인으로 인해 보다 다양한 그림을 제시한다.

플라스틱의 확산, 영양분 유출 및 기타 형태의 폐기물이 해양 생물을 죽이고 있다.

해양 오염의 주요 원인은 육지에서 발생하며 겉보기에는 멈출 수 없는 쓰레기, 폐기물 및 유출수가 바다로 유입된다. 2021년 한 연구에서는 1,700만 미터톤 이상의 플라스틱이 전 세계 해양에 유입되어 해양 쓰레기의 대부분(85%)을 구성하는 것으로 추정했다. 매년 바다로 유입되는 플라스틱 오염의 양은 2040년까지 두 배 또는 세 배가 되어 모든 해양 생물을 위협할 것으로 예상된다.

해안 지역의 경우 2016년부터 현재까지 영양 오염(nutrient pollution)으로 인한 부영양화(eutrophication)가 증가하는 추세를 보이고 있다. 이로 인해 전 세계적으로

"데드 존"이 2008년 400개에서 2019년 약 700개로 증가했다. COVID-19는 관광 및 기타 활동 감소로 인해 일부 지역의 해안 오염을 감소시켰을 수 있지만 전염병은 전 세계적으로 해안 부영양화를 완화했다.

바다의 광대한 지역이 보호를 받고 있지만 더 집중적인 노력이 필요하다.

해양 보호 구역(MPA: Marine protected areas) 및 생물다양성을 보존하기 위한 기타 효과적인 지역 기반 조치(해양 보호 구역, 공원 및 보호 구역 포함)는 지난 10년 동안 상당한 성장을 보였다. 2021년 MPA의 전 세계 적용 범위는 전 세계 연안 해역 및 해양의 8%였다. 최근 MPA 지정으로 인해 이 비율이 높아져 SDG 및 아이치 생물다양성 목표(Aichi Biodiversity target)에서 요구하는 10%에 가까워질 것이다. 예를 들어 바닷새에게 매우 중요한 공해 MPA는 최근 북대서양에서 거의 600,000평방 킬로미터에 걸쳐 지정되었다.

보호지역은 핵심 생물다양성 지역(KBA: key biodiversity

areas)과 같이 자연 보전에 가장 중요한 지역에 전략적으로 위치하는 것이 중요하다. 즉, 평균적으로 해양 KBA의 절반 이상(55%)이 여전히 보호되지 않고 있다.

지속 가능성으로 가는 길은 명확하고 탐색 가능하지만 전 세계 어류 자원은 여전히 위협받고 있다.

전 세계 어류 자원은 남획과 불법, 미신고, 규제되지 않은 어업으로 인해 위협이 증가하고 있다. 2019년에는 전 세계 어족의 3분의 1 이상(35.4%)이 남획되었으며, 이는 2017년 34.2%, 1974년 10%에서 증가한 것이다. 그러나 최근 감소율이 둔화되었다. 현재 남동태평양은 생물학적으로 지속 불가능한 수준의 어족 비율이 66.7%로 가장 높으며 지중해와 흑해(63.3%), 북서태평양(45%)이 그 뒤를 잇고 있다.

대조적으로 동부 중앙 태평양, 남서 태평양, 북동 태평양 및 서부 중앙 태평양은 지속 불가능한 수준의 어류 자원 비율이 가장 낮았다(13~21%). 효과적인 모니터링 및 감시와 함께 개선된 규정은 남획된 자원을 생물학적으로 지속 가능한 수준으로 되돌리는 데 성공했다. 그러나 2020년에 수집된 제한된 예비 데이터를 기반으로 이러한 조치의 채택은 특히 많은 개발도상국에서 일반적으로 더뎠다.

어족 자원에 대한 압력으로 인해 일부 지역의 경제 성장에 대한 지속 가능한 어업의 기여도가 낮아지고 있다.

지속 가능한 어업은 지역 경제와 식량 안보에 중요한 역할을 한다. 2019년에는 전 세계 GDP의 약 0.10%를 차지했으며, 이 비율은 2011년 이후 크게 변하지 않았다. 오세아니아의 군소도서 개발도상국과 최빈국에서 이 비율은 각각 GDP의 1.5%와 0.90%로 증가한다. 어업에 대한 세계 빈곤층의 더 큰 의존도를 반영한다.

일부 지역에서는 GDP에 대한 어업의 기여도가 증가한 반면, 다른 지역에서는 인간이 유발한 야생 자원에 대한 외부 압력에 직면해 있다. 예를 들어, 태평양에 있는 여러 자원의 지속 가능성 감수로 인해 동아시아 및 동남아시아의 전반적인 추세가 악화되어 지속 가능한 어업이 2011년 GDP의 1.06%에서 2019년 0.80%로 감소했다. 수산업이 지속적으로 경제 성장을 창출하고 미래의 공평한 발전을 지원하기 위해서는 어족 수의 증가가 여전히 중요하다.

**대유행으로 생계가 무너진 소규모 어민들을 지원하기 위해
신속한 조치가 필요하다.**

약 5억 명의 사람들이 적어도 부분적으로는 소규모 어업에
의존하고 있으며, 이는 전 세계 어업 고용의 90%를 차지한
다. 거의 모든 소규모 어업인(97%)이 개발도상국에 거주하
고 있으며 많은 사람들이 높은 수준의 빈곤에 직면해 있으
며 광범위한 사회 경제적 개발 기회가 부족하다. 2015년
이후 소규모 어민들에게 해양 자원과 시장에 대한 접근성을
제공하려는 노력이 대부분의 지역에서 확대되었다.

평균 글로벌 복합 점수(활성화 프레임워크, 소규모 어민의
의사 결정에 대한 구체적인 지원 및 참여 측정)는 2018년
5점 만점 중 3점에서 2022년 평균 구현 수준 5점 만점에
5점으로 상승했다. 현재 COVID-19가 소규모 어업 공동체
에 미치는 불균형한 영향에 비추어 보고율을 개선하고 진행
을 가속화하는 것이 과제이다. 많은 지역에서 어부들은 전
염병 관련 제한과 시장 붕괴로 인해 오랫동안 생선을 잡거

나 가공하거나 판매할 수 없었다.

전통 지식을 통한 어류 자원 및 소득 회복

인도네시아 메나르부(Menarbu) 마을 사람들은 지역 사회 밖에서 판매할 채소를 재배할 수 없기 때문에 생계를 전적으로 바다에 의존하고 있다. 현지 어부인 Yohanis Ayamisebahe는 선외 모터가 장착된 보트를 타고 낚싯줄, 스노클, 칼라와이(창)를 운반한다. 2018년, 그의 마을은 바다의 상태와 어족이 악화되고 있음을 알게 된 후 사시라는 토착 공동체 기반 해안 자원 관리 시스템을 도입했다.

아야미세바헤 씨는 설립 이후 어족이 번성하고 소득이 증가하고 있다고 말한다. 세대를 거슬러 올라가는 이 전통적인 시스템은 사람과 환경 사이의 균형을 전제로 한다. 다양한 어종을 포획할 수 있는 시기를 포함하여 규정된 일련의 규칙을 통해 해안 해양 생태계를 부흥하고자 한다. 시장이 매우 멀고 휘발유가 비싸기 때문에 이제 커뮤니티의 과제는 제품을 판매할 인근 판매점을 찾는 것이다.

4. 문제 제기

위와 같이 해양, 바다 및 해양 자원을 보존하고 지속 가능한 개발을 위해 사용한다라는 SDG 14의 실현은 코비드 19 팬데믹으로 인하여 심한 타격을 받았다. 이러한 상황에서 SDG 14의 '해양, 바다 및 해양 자원을 보존하고 지속 가능한 개발을 위해 사용한다'라는 목표를 재고하는 것은 무엇보다 중요할 것이다.

특히 최근 보고에 따르면, 세계의 해양과 바다는 증가된 산성화, 부영양화, 플라스틱 오염에 맞서 계속 투쟁하고 있으며, 이는 지구 최대의 생태계와 그에 따라 수십억의 생계를 위협하고 있다. 주로 의료 폐기물로 인한 1회용 플라스틱의 증가로 인해 약 25,000톤의 플라스틱 쓰레기가 꾸준히 전 세계 해양으로 유입되었기 때문에 전염병은 그러한 부담을 완화하지 못했다. 코로나19 범유행으로 인한 초기 봉쇄로 인해 대부분의 국가는 물고기 생산량이 40-80% 감소했으며 소규모 어민 공동체가 가장 큰 타격을 입었다. 전염병은 또한 관광업의 극적인 감소로 이어져 해안과 섬 공동체에 상당한 소득 손실을 초래했다.

따라서 본 연구에서는 SDG 14를 아가페사랑경영관점에서 논하고자 한다. 아가페 사랑의 관점은 사랑의 대상을 보호하고 육성하는 기독교 전통인 보양(保養)의 관점을 의미한다 (엡 5:29). 즉, 아가페 사랑은 실천의 대상을 보호(protection)하고 육성(nutrition)하는 것을 의미한다. 인류를 아가페 사랑으로 보호하고 육성하는 아가페사랑경영관점을 SDG 14를 실현하고자 하는 동기의 근거로서 제시하고자 한다. 해양과 바다 그리고 해양자원을 보호하고, 지속가능한 개발의 생태계를 육성하는 것은 해양자원을 통해 수많은 혜택을 누리고 있는 인류의 지속 가능을 위해서 매우 필수적이라고 볼 수 있다.

아가페사랑경영관점에서 수많은 혜택을 인류에게 주고 있는 해양과 바다 그리고 해양자원을 보호하고, 지속 가능한 개발의 생태계를 육성한다면, 인류는 보다 지속가능한 발전을 이루어나갈 것이라고 확신한다. 따라서 아가페사랑경영관점에서 SDG 14 달성을 위한 노력은 단순한 비용이 아니라 인류의 미래를 향한 투자라고 볼 수 있다. 이러한 맥락에서 아가페사랑경영관점으로 SDG 14의 해양, 바다 및 해양 자원을 보존하고 지속 가능한 개발을 위해 사용한다를 논의하고자 한다.

5. SDG 14의 실현을 위한 다양한 사례들

1) 다양한 기업 사례들

세부목표 [14.1 2025년까지 해양 쓰레기와 영양염류 오염을 포함하여 특히 육지기반 활동으로부터 발생하는 모든 종류의 해양 오염을 예방하고 상당한 수준으로 감소시킨다.]와 관련된 사례

(1) 다우

Dow는 30년 이상 Ocean Conservancy와 협력하여 바다와 수로에서 파편과 오염 물질을 제거했다. 2012년 Dow와 Ocean Conservancy는 손을 잡고 Trash Free Seas Alliance®를 결성하여 육상 쓰레기가 바다로 유입되는 것을 막을 방법을 모색했다. 2017년 Dow는 산업화 이후의 플라스틱 스크랩으로 만든 쓰레기 봉투를 개발하여 이전에는 재활용하기 어려웠던 새로운 포장 형식이 재활용 흐름에

진입할 수 있는 문을 열었다. 이 쓰레기 봉투는 2017년 9월 Ocean Conservancy의 International Coastal Cleanup 기간 동안 미국 전역의 해변을 청소하는 데 사용되었다. 이듬해 Dow는 해양 폐기물을 방지하는 기업과 인프라를 인큐베이팅하고 자금을 조달하기 위한 Circulate Capital의 1억 달러 노력에 창립 투자자가 되어 다른 여러 주요 글로벌 브랜드에 합류했다.

2018년에 Dow는 환경에서 플라스틱 폐기물을 예방하고 개선하기 위해 노력하는 새로운 글로벌 이니셔티브와 솔루션을 추가로 투자하고 개발하겠다는 의사를 발표했다. 최근 인도네시아 발리에서 열린 Our Ocean Conference와 함께 발표된 이 이니셔티브에는 해양 폐기물을 방지하는 회사와 인프라를 인큐베이팅하고 자금을 조달하기 위한 Circulate Capital의 1억 달러 노력의 창립 투자자가 되기 위해 다른 여러 주요 글로벌 브랜드에 합류하겠다는 Dow의 약속이 포함된다. Dow는 또한 컨퍼런스에서 동남아시아 국가의 폐기물 수집 및 재활용 솔루션을 지원하기 위해 향후 2년 동안 Ocean Conservancy에 추가로 100만 달러를 기부할 계획이라고 발표했다. 이 자금은 구현 가능한 솔루션을 개발, 확장 및 복제하기 위해 지역 비정부 조직의 역량을 구축하고 시 지도자들과 파트너십을 구축하는 프로젝트에 사용된다.

(2) P&G

Procter & Gamble은 플라스틱이 바다로 유입되는 것을 줄이기 위해 최선을 다하고 있다. P&G는 The Ocean Conservancy's Trash Free Seas Alliance, The Ocean Project, The Recycling Partnership, The Circular Plastics Alliance 등과 같은 조직과 협력하여 사람들이 플라스틱 폐기물을 버리지 않고 자원으로 취급하도록 돕는다. 또한, P&G CEO인 David Taylor는 바다와 다른 곳의 오염을 제거하기 위해 10억 달러 이상을 약속한 30개 기업의 국제 조직인 플라스틱 폐기물 종식을 위한 연합(Alliance to End Plastic Waste)의 회장으로 임명되었다. 협회는 기업, 정부 및 시민 사회를 하나로 모아 플라스틱 폐기물을 줄이는 데 중점을 둔다.

Alliance to End Plastic Waste 프로젝트에는 다음이 포함된다.

☑ 인프라가 부족한 대규모 도시 지역, 특히 강변 지역에서

폐기물 관리 시스템을 설계하기 위해 도시와 협력한다.

☑ 정부, 기업 및 투자자가 플라스틱 폐기물 중단 조치에 집중하고 가속화할 수 있도록 데이터 수집, 측정 기준, 표준 및 방법론을 통해 폐기물 관리 프로젝트를 지원하는 과학 기반 오픈 소스 글로벌 정보 프로젝트를 개발한다.

☑ UN과 같은 정부 간 기구와 협력하여 정부 관리 및 지역사회 기반 지도자를 대상으로 합동 교육을 실시하여 솔루션을 찾는 데 도움을 준다.

☑ Renew Oceans를 지원하여 현지화된 투자 및 참여를 지원한다. 이 프로그램은 대부분의 폐기물을 바다로 운반하는 것으로 나타난 10개의 주요 강에서 플라스틱 폐기물이 바다에 도달하기 전에 포획하도록 설계되었다.

세부목표 [14.1 2025년까지 해양 쓰레기와 영양염류 오염을 포함하여 특히 육지기반 활동으로부터 발생하는 모든 종류의 해양 오염을 예방하고 상당한 수준으로 감소시킨다.]와 관련된 사례에는 다우와 P&G가 있다. 다우는 해양과 수로의 잔해와 오염물질을 제거하기 위해 30년 이상 Ocean Conservancy과 협력해왔다. 이러한 파트너십은 다우의 SDG 14를 실현하고자 하는 진정성을 보여준다. 다우는 자사의 기술력으로 해변을 청소하는 산업 플라스틱 스크랩으로 만든 쓰레기 봉투를 개발하여 활용하고 있다. 또한 해양 낭비를 방지하는 회사와 인프라는 육성하는 Circula Capital에 지속적으로 투자하고 있으며, Ocean Conservancy에 자금을 기부하고 있다. 이러한 다우의 노력 또한 진정성을 보여주고 있다. 다우는 다양한 노력을 통해서 해양자원을 보호하고, 지속가능한 해양자원이 가능하도록 생태계를 육성하고 있다. 또한 이러한 과정에서 다양한 기관과, 정부, 도시 지도자들과 파트너십을 구축하고 협력하고 있다. 이러한 다우의 사례는 아가페사랑경영관점에서 볼 때, 보호와 육성이라는 아가페사랑경영관점의 두 가지 핵심요소를 모두 갖추고 있으며, 파트너십과 협력, 자사의 기술력을 활용하는 자력활용의 아가페사랑경영관점을 실천할 때 나타나는 특징들을 잘 보여준다. 특히 이러한 노력을 장기간 지속하고 막대한 자금을 투자함으로써 진정성이라는 아가페사랑경영관점의 특징을 잘 나타내고 있다. P&G는 해양으로 유입되는 플라스틱의 흐름을 줄이기 위해 플라스틱이 쓰레기가 아닌 자원으로 취급하도록 다양한 단체들과 함께 파트너십을 맺어 협력하였다. 더 나아가 '플라스틱 폐기물을 종식시키기 위한 연합'의 회장으로 P&G의 CEO

가 임명될 정도록 플라스틱 폐기물 종식을 위한 P&G의 진정성을 보여주고 있다. 이러한 P&G의 진정성 있는 노력은 해양을 플라스틱 쓰레기로부터 보호하고 지속가능한 해양 자원의 활용이 가능하도록 생태계를 육성하고 있다. 이러한 P&G의 사례는 아가페사랑경영관점에서 볼 때, 보호와 육성이라는 아가페사랑경영관점의 두 가지 핵심요소를 모두 갖추고 있을 뿐 아니라, 파트너십과 협력이라는 아가페사랑경영관점을 실천할 때 나타나는 대표적인 특징을 보여주며, 진정성이라는 아가페사랑경영관점의 특징 또한 잘 나타내고 있다.

세부목표 [14.2 2020년까지 부정적 영향을 피하기 위해 회복력을 강화하는 방법으로 해양 및 연안 생태계를 지속가능하게 관리 및 보호하고 건강하고 생산적인 대양으로 만들기 위해 복구 조치들을 이행한다.]와
세부목표 [14.3 모든 수준에서의 과학협력을 강화하여 해양 사성화의 영향을 최소화 하고 이에 대응한다]와
세부목표 [14.4 최소한 생물학적 특성에 따라 결정되는 최대지속가능 산출량을 생산할 수 있는 수준까지 가능한 한, 최단 기간에 어족자원을 복원하기 위해, 2020년까지 효과

적으로 어획을 규제하고, 남획, 불법, 비보고, 비규제 어업
및 파괴적인 어업관행을 종식하며, 과학에 기초한 관리계획
을 이행한다.]와 관련된 사례

카길

2019년 최신 Cargill Aqua Nutrition Sustainability 보
고서를 발표하면서 Cargill은 수중 영양 사업에서 측정 가
능한 진전을 보여준다. GRI(Global Reporting Initiative)
표준에 따라 작성된 이 보고서는 환경 및 사회적 지표에 대
한 중요한 성과 측정을 포착한다. 가치 사슬 접근 방식을
기반으로 지속 가능성의 관점을 운영의 직접적인 영향을 넘
어 더 넓은 사회적 영향으로 확장한다. 주요 사료 생산업체
이자 식품 생산에 기여하는 Cargill Aqua Nutrition은 여
러 SDG에 긍정적인 영향을 미칠 수 있는 위치에 있으며
지속 가능성 관리 및 보고를 이러한 목표에 맞추었다.
2019년 보고서에서 기업은 목표 2, 3, 8, 9, 12, 13, 14
및 17에 초점을 맞춰 중요한 지속 가능성 주제를 반영하는
SDG를 강조하기로 했다.

세부목표 [14.2 2020년까지 부정적 영향을 피하기 위해 회복력을 강화하는 방법으로 해양 및 연안 생태계를 지속가능하게 관리 및 보호하고 건강하고 생산적인 대양으로 만들기 위해 복구 조치들을 이행한다.]와 세부목표 [14.3 모든 수준에서의 과학협력을 강화하여 해양 산성화의 영향을 최소화하고 이에 대응한다.]와 세부목표 [14.4 최소한 생물학적 특성에 따라 결정되는 최대지속가능 산출량을 생산할 수 있는 수준까지 가능한 한, 최단 기간에 어족자원을 복원하기 위해, 2020년까지 효과적으로 어획을 규제하고, 남획, 불법, 비보고, 비규제 어업 및 파괴적인 어업관행을 종식하며, 과학에 기초한 관리계획을 이행한다.]와 관련된 사례는 카길이다. 카길은 카길 아쿠아 영양 지속 가능성 보고서를 통해 아쿠아 영양 지속성과 관련된 새로운 기준을 제시한다. 이러한 새로운 기준은 가치사슬 접근방식을 기반으로 지속가능성에 대한 관점을 광범위한 사회적 영향까지 확대한다. 카길의 노력은 해양 및 바다를 환경오염으로부터 보호하고, 지속가능한 생태계로 육성하는데 기여하여 SDG 14를 성취하는데 공헌한다. 이러한 카길의 사례는 아가페사랑경영관점의 보호와 육성이라는 두 가지 핵심요소를 모두 갖추었고, 기준제시라는 아가페사랑경영관점의 특징을 잘 나타내고 있다.

세부목표 [14.5 2020년까지 현재의 과학적 정보를 기초로 하고 국가 및 국제법과 부합하는 방식에 따라 최소한 연안 및 해양지역의 10%를 보존한다.]와

세부목표 [14.6 WTO 어업보조금 협상에 개발도상국 및 최 빈국에 대한 효과적인 특별대우가 중요함을 인정하고 2020 년까지 생산과잉 및 남획, 불법, 비보고, 비규제 어업에 기 여하는 특정형태의 어업 보조금 금지 그리고 이와 유사한 신규 보조금 도입을 자제한다.]와

세부목표 [14.7 2030년까지 수산업, 양식업 및 관광산업의 지속가능관리를 포함하여 해양자원의 지속가능한 사용을 통 하여 최빈개도국 및 군소도서 개도국의 경제적 이익을 증대 시킨다.]와

세부목표 [14.a 해양건강을 개선하고 개발도상국, 특히 군 소도서 개도국과 최빈개도국의 개발에 대한 해양 생물다양 성의 기여를 강화하기 위해 정부간해양학위원회의 기준과 지침을 고려하여 과학적 지식 증대, 연구역량 개발 및 해양 기술을 이전한다.]와 관련된 사례

세계해양협의회(World Ocean Council, WOC)

세계해양협의회(WOC)는 민간 부문의 리더십과 해양의 지속 가능한 개발, 관리 및 과학, 즉 지구의 71%에 해당하는 바다에 대한 "기업의 해양 책임"에 대한 협력을 위한 국제적인 교차 부문 연합이다. WOC의 "Smart Ocean - Smart Industries" 플랫폼을 통해 선두 기업들은 상업용 선박과 플랫폼을 사용하여 푸른 지구에서 해양, 날씨 및 기후 데이터를 비용 효율적으로 수집함으로써 해양에 대한 이해를 높이고 있다. 이 정보는 국제 사회가 기후 변화를 이해하고 해양 생물 다양성을 측정, 관리 및 보호하고 재난감소를 발전시키는 능력을 지원한다.

세부목표 [14.5 2020년까지 현재의 과학적 정보를 기초로 하고 국가 및 국제법과 부합하는 방식에 따라 최소한 연안 및 해양지역의 10%를 보존한다.]와 세부목표 [14.6 WTO 어업보조금 협상에 개발도상국 및 최빈국에 대한 효과적인 특별대우가 중요함을 인정하고 2020년까지 생산과잉 및 남획, 불법, 비보고, 비규제 어업에 기여하는 특정형태의 어업보조금 금지 그리고 이와 유사한 신규 보조금 도입을 자제한다.]와 세부목표 [14.7 2030년까지 수산업, 양식업 및 관광산업의 지속가능관리를 포함하여 해양자원의 지속가능한 사용을 통하여 최빈개도국 및 군소도서 개도국의 경제적 이익을 증대시킨다.]와 세부목표 [14.a 해양건강을 개선하고 개발도상국, 특히 군소도서 개도국과 최빈개도국의 개발에 대한 해양 생물다양성의 기여를 강화하기 위해 정부간해양학위원회의 기준과 지침을 고려하여 과학적 지식 증대, 연구역량 개발 및 해양기술을 이전한다.]와 관련된 사례로는 세계해양협의회가 있다. 세계해양협의회는 해양의 지속 가능한 개발, 과학, 해양의 책임에 영향을 미치는 횡단적인 문제들을 해결하기 위해 독특하고 다분야적인 접근방식을 가진 민간부문에 의해 개발되고 민간부문에 의해 개발된 "기업 해양 책임"에 전념하는 글로벌, 교차 부문 해양 산업 리더십 동맹이다. 세계해양협의회는 SDG 14의 다양한 세부목표를 이루기 위해서 다양한 해양 산업 전 분야의 다양한 이해관계자들과 협력하고, 해양산업 전반에 대한 새로운 기준을 제시한다. 더 나아가 해양 오염으로부터 바다와 해양을 보호하고, 해양산업 생태계를 지속가능하도록 육성한다. 이러한 세계해양협의회의 사례는 아가페사랑경영관점에서 볼 때, 보호와 육성이라는 두 가지 핵심요소를 모두 갖추고 있으며, 파트너십과 협력이라는 아가페사랑경영관점을 실천하는 과정에서 나타나는 대표적인 특징을 잘 보여주고 있다. 특히 세계해양협의회는 지속가능한 해양 산업에 대한 기준을 제시함으로써 기준제시라는 아가페사랑경영관점의 특징을 잘 나타나고 있다.

세부목표 [14.b 소규모 영세어업자들에 해양자원 및 시장 접근성을 제공한다.]와 관련된 사례 - 월마트

지속 가능한 해산물 소싱에 대한 Walmart의 약속은 농부, 가공업체, 수입업체, 지방 정부, NGO 및 제조업체가 함께 지역별 어업 및 양식 개선 프로젝트를 개발하는 협력적인 노력을 촉진한다. 예를 들어, Walmart 공급업체인 National Fish & Seafood Inc.는 지속 가능한 어업 파트너십 및 글로벌 양식 연맹과 협력하여 소농이 세계적으로 인정받는 지속 가능성 표준 인증을 받을 수 있도록 했다. 그들은 함께 주요한 문제를 해결하고 BAP 인증(Best Aquaculture Practices Certification)을 획득하는 데 있어 수십 명의 독립 농민을 지원하는 소규모 농장 양식 개선 프로젝트(AIP: Aquaculture Improvement Project)를 만들었다.

세부목표 [14.b 소규모 영세어업자들에 해양자원 및 시장 접근성을 제공한다.]와 관련된 사례는 월마트이다. 월마트는 지속 가능한 해산물을 조달하기 위한 월마트의 약속은 어부, 가공업자, 수입업자, 지방 정부, NGO 및 제조업체가 지역별 어업 및 양식 개선 프로젝트를 개발하기 위해 함께 협력하는 노력을 촉진한다. 대표적으로 소규모 농가가 세계적으로 인정받는 지속가능성 기준에 인증받는 것이 가능하도록 지속가능 수산 파트너십 및 글로벌 양식 동맹과 협력했다. 이러한 월마트의 노력은 소규모 어부들을 보호하고, 이들이 해양 자원 및 시장에 대한 접근이 가능한 생태계를 육성하고 있다. 그 과정에서 월마트는 수많은 이해관계자들과 파트너십을 맺고 협력한다. 이러한 월마트의 사례는 아가페사랑경영관점에서 볼 때, 보호와 육성이라는 아가페사랑경영관점의 두 가지 핵심요소를 모두 갖추고 있으며, 파트너십과 협력이라는 아가페사랑경영관점을 실천하는 과정 가운데서 나타나는 대표적인 특징을 잘 보여준다.

세부목표 [14.c '우리가 원하는 미래'(The Future We

Want) 보고서의 158번째 단락에서 언급된 대양 및 대양자원의 보존 및 지속가능한 이용을 위한 법적체계를 제시하는 UNCLOS(United Nations Convention on the Law of the Sea)에 반영된 국제법 이행을 통해 대양 및 대양 자원의 보존 및 지속가능한 이용을 개선한다.]와 관련된 사례

월마트

Walmart는 MSC(Marine Stewardship Council) 또는 BAP(Best Aquaculture Practices)의 제3자 인증을 받거나 신뢰할 수 있는 지속 가능성 프로그램 원칙에 따라 프로그램을 관리하기 위해 신선, 냉동, 양식 및 자연산 해산물을 100% 사용하고자 한다. The Sustainability Consortium에서 개발했거나 인증을 위해 적극적으로 노력하고 있으며 미국, 영국, 캐나다 및 Sam's Club U.S.에서 어업 개선 프로젝트 또는 양식 개선 프로젝트에 참여하고 있다. Walmart Canada의 신선 및 냉동, 양식 및 자연산 해산물은 Walmart의 해산물 정책(69%가 MSC의 인증을 받았으며 양식 공급망의 95%가 BAP의 인증을 받음)에 따라 지속가능한 방식으로 공급된다. 또한 공급량의 15%는 지속 가

능한 인증을 달성하기 위한 계획과 함께 어업 개선 프로젝트에 참여하고 있다.

세부목표 [14.c '우리가 원하는 미래'(The Future We Want) 보고서의 158번째 단락에서 언급된 대양 및 대양자원의 보존 및 지속가능한 이용을 위한 법적체계를 제시하는 UNCLOS(United Nations Convention on the Law of the Sea)에 반영된 국제법 이행을 통해 대양 및 대양 자원의 보존 및 지속가능한 이용을 개선한다.]와 관련된 사례는 월마트이다. 월마트는 신선, 냉동, 양식 및 야생 해산물의 100%를 해양관리협의회(Marine Stewardship Council: MSC) 또는 BAP(Best Aquaculture Practices)의 제3자 인증을 받으려고 최선의 노력을 다함으로써 SDG 14.C 세부목표에 기여하고 있다. 이러한 월마트의 해산물 수급정책은 무분별한 어획으로부터 해양 자원을 보존하고, UNCLOS에 반영된 국제법의 기준을 제시하여, 지속가능한 해양 생태계를 육성한다. 이러한 월마트의 사례는 아가페사랑경영관점에서 볼 때, 보호와 육성이라는 아가페사랑경영관점의 두 가지 핵심요소를 모두 갖추고 있으며, 기준 제시라는 아가페사랑경영관점의 대표적인 특징을 잘 나타내고 있다.

2) 기타 다양한 기업 사례들

(1) 다농

지속 가능한 개발을 보장하기 위해 다농은 해양, 바다 및 해양 자원을 지속 가능하게 보존하고 사용해야 한다. 기후 변화(해양 산성화 포함), 남획 및 해양 오염의 점점 더 부정적인 영향은 세계 해양의 일부를 보호하는 최근 성과를 위태롭게 하고 있다. 이러한 상황 속에서 다농이 기여하는 SDG 14의 세부목표는 다음과 같다.

세부목표 14.1 2025년까지 해양 쓰레기와 영양염류 오염을 포함하여 특히 육지기반 활동으로부터 발생하는 모든 종류의 해양 오염을 예방하고 상당한 수준으로 감소시킨다.

다농은 SDG 14에 주력하고 있다.

세계 경제 포럼의 New Plastics Economy 보고서에 따르면 전 세계에서 사용되는 플라스틱의 40%가 여전히 매립지에 버려지고 있다. 연간 약 1000만~2000만 톤의 플라스틱이 해양 생물다양성에 부정적인 영향을 미치며 바다로 흘러간다. 이는 패키징에 지속 불가능한 영향을 미치며 이러한 고리를 끊기 위해 전 세계적으로 이미 많은 노력을 기울이고 있다.

다농은 지구를 위한 긍정적인 솔루션을 육성하기 위해 게임체인저가 되기 위해 노력한다. 다농은 포장의 선형 경제에서 순환 경제로의 전환을 가속화하기 위해 다농의 역할을 수행하고자 한다. 패키징 정책(2016년 시작 및 2018년 업데이트)을 통해 다농은 패키징을 100% 순환적으로 만들고자 하는 야망을 확인하고 필요하지 않은 패키징을 제거하여 여정을 가속화할 방법을 제시했다. 다농에게 필요한 모든 포장재가 안전하게 재사용, 재활용 또는 퇴비화되도록 설계되도록 혁신한다. 다농이 생산하는 재료가 경제에 머물고 결코 낭비나 오염이 되지 않도록 보장한다.

다농의 전략은 폐기물을 자원으로 전환하는 프로세스 및 시스템 개발을 지원하여 포장의 순환 경제를 촉진하는 것이다. 이를 위해 다농은 3가지 기둥을 중심으로 전략을 세웠다.

☑ **"순환성을 위해 설계된 포장"**: 제품 디자인을 개선하고 대체 배송 및 재사용 모델을 개발하기 위한 이니셔티브(목표: 2025년까지 100% 재사용 가능, 재활용 가능 또는 퇴비화 가능 포장재 사용).

☑ **"재사용, 재활용 또는 퇴비화"**: 수거 및 재활용을 늘리고 재활용을 촉진하기 위한 효과적이고 효율적이며 포괄적인 시스템을 개발하기 위한 투자(목표: 2025년까지 20개 최대 시장에서 수거 및 재활용 이니셔티브 시작 또는 지원)

☑ **"천연 자원 보존"**: 재활용 재료를 포장재에 다시 통합하고 재생 가능 재료 사용을 개발하여 천연 자원을 보존하기 위한 조치(목표: 2025년까지 물병과 음료수 병에 대해 평균 50% 재활용 재료 사용, 100% 재활용 PET 병 판매 모든 주요 시장에서 2025년까지 전 세계적으로 폴리스티렌 제로).

일회용 플라스틱의 제거를 가속화하기 위해 다농은 플라스틱(예: 유리, 캔, 종이)을 대체할 다른 포장재를 혁신하고 수화(hydration)에 대한 비즈니스 모델을 재고하기 위한 투자를 추구한다. 이러한 이니셔티브는 2025년까지 차세대 포장재 및 모델을 탐색하기 위해 2억 유로의 전용 기금을 출범함으로써 지원될 것이다. 이는 2020-2022년 기간 동안 브랜드, 기후 및 농업, 포장(약 9억 유로) 및 디지털화에 대한 누적 약 20억 유로의 가속화된 투자 계획의 일부이다. 다농의 Water 브랜드는 또한 집단 'WeActForWater'를 통해 포장에 대한 구체적인 약속을 했다. 이 브랜드는 특히 유럽 전역에서 100% rPET에 도달하고 2025년까지 100% 재활용성을 달성하는 것을 목표로 한다. 동시에 다농은 지역 수준(예: 정부, 동료, 폐기물 수거업자 및 폐기물 전문가) 및 국제 수준(순환 경제 육성 및 Ocean Conservancy 또는 Ellen MacArthur Foundation)과 협력하여 확장 가능한 '세컨드 라이프 패키징' 이니셔티브를 시작한다. 2018년 다농은 UN 환경과 협력하여 Ellen MacArthur 재단이 이끄는 새로운 플라스틱 경제 글로벌 공약에 서명했다.

다농은 2025년까지 모든 종류의 해양 오염, 특히 해양 잔해 및 영양소 오염을 포함한 육상 활동에서 발생하는 해양 오염을 방지하고 현저하게 감소시킨다는 SDG 14.1의 세부목표를 달성하고자 노력함으로써 SDG 14 달성에 기여하고 있다. 이를 위해 순환성을 위해 설계된 포장을 하고, 실제로 재사용, 재활용 또는 퇴비화에 주력하며, 자연 자원 보존을 위해서 노력한다.

다농은 일회용 플라스틱의 제거를 가속화하기 위해 플라스틱(유리, 캔, 종이 등)에 대한 다른 포장 대안을 혁신하고 순환 비즈니스 모델을 재고하기 위한 투자를 추구한다. 이러한 이니셔티브는 2025년까지 차세대 포장 재료 및 모델을 탐색하기 위한 2억 유로의 전용 기금을 출시함으로써 지원될 것이다.

이러한 다농의 노력들을 구체적이고 다양하며, 막대한 기금을 투자하고 있어 매우 진정성이 있으며, 이를 통해 플라스틱 쓰레기로부터 해양 자원을 보존하고, 지속가능한 해양자원을 위한 생태계를 육성하고 있다. 이러한 다농의 사례는 아가페사랑경영관점에서 볼 때, 보호와 육성이라는 아가페사랑경영관점의 두 가지 핵심 요소를 모두 갖추고 있으며, 진정성이라는 아가페사랑경영관점의 특징을 잘 나타내고 있다.

(2) WOOD

우드는 다양한 환경 문제에 걸쳐 고객에게 다양한 컨설팅 서비스와 기술 전문 지식을 제공하여 육지와 수중 모두에서 환경에 미치는 영향을 줄이기 위한 고객의 노력을 지원하는 프로젝트를 제공한다.

해양의 보존과 생물 다양성 실현

약 30억 명의 사람들이 해양 어류를 식량 공급원으로 삼고 있다. 이러한 수요는 남획을 촉진하고 양어장의 성장을 촉진했다. 양식 산업은 자연산 어류 자원에 대한 수요를 더욱 증가시키고 있다. 자연산 어류의 20%가 양식 어류의 사료로 사용되고 생산된 모든 어유의 75%가 양식 어류에게 공급된다. 급증하는 해산물 수요와 함께 어유의 제한된 가용성으로 인해 연어에서 오메가-3 EPA 및 DHA 지방산을 조달하는 것이 극도로 어려워졌으며 지난 10년 동안 재고가 절반 이상 감소했다.

2013년 Evonik과 Royal DSM은 산업 규모에서 천연 해조류의 발효를 통해 오메가-3 EPA 및 DHA를 생산한다는 목표로 Veramaris라는 50:50 합작 회사를 설립하여 이 문제를 해결하고자 했다. 4년 후 Veramaris는 Wood에게 네브래스카주 블레어에 있는 2억 달러 규모의 상업용 오메가 3 지방산 시설에 대한 상세 설계 및 시공 관리 계약을 체결했다. Green Ocean 프로젝트는 Wood가 기존 발효 구역의 브라운필드 개조와 오메가 3 제품의 분리 및 정제를 위한 그린필드 상세 설계를 제공하도록 요구했다. 최첨단 발효 미생물 및 기술을 사용하여 결과는 동물 영양 산업에 이상적인 지속 가능한 천연제품이다. 오메가-3 조류 오일을 생산함으로써 야생 연어에서 오메가-3를 공급할 필요가 없어져 바다의 보존과 자연 생물 다양성을 가능하게 하고 자연산 연어 개체군에 대한 압력을 완화한다.

Veramaris 시설의 오메가-3 EPA 및 DHA 생산 능력은 야생 물고기 120만 톤에 해당한다. 이 수치를 좀 더 넓은 관점에서 보자면, 극서부의 스페인에서 극동부의 이스라엘에 이르기까지 지중해 전역에서 연가 약 800,000톤의 물고기가 잡힌다. Veramaris는 지중해의 연간 어업 활동을 상쇄하는 데 도움이 된다. 발효 및 생명 공학 공정에 대한 공정 지식과 함께 강력한 안전 문화, 대규모 EPCM 프로젝트

작업에서 입증된 실적을 포함하여 Wood를 성공으로 이끄는 여러 요인이 있다. Green Ocean 프로젝트는 2019년 4월에 예산과 기한에 맞춰 성공적으로 완료되었으며 양식 산업을 위한 지속 가능한 경로를 나타낸다.

바닷물 복원이 습지 현실이 되었을 때.

자연으로 돌아가기 - 해안 복원을 통한 기후 변화 방지

Delaware Bay의 습지를 따라 위치한 10,000에이커의 Prime Hook National Wildlife Refuge는 1980년대부터 담수 시스템으로 압수되어 관리되었다. 2012년 허리케인 샌디로 극에 달한 일련의 심한 폭풍 동안 해변을 따라 있는 모래 언덕이 무너져 바닷물이 이 지역을 통해 흐르고 해변 침식과 홍수가 발생했다. 중요한 기질이 손실되었고 담수 식생이 죽었다. 자연은 종종 그렇듯이 서식지를 자연 상태로 복원하기 시작했고 조수 습지 식물의 작은 부활이 있었다. 미국 어류 및 야생동물국은 야생동물과 사람 모두를 위한 지역 생태계를 강화하는 방식으로 피난처를 재건하고자 했다.

회복과 재탄생

물 제어 구조를 개방하고 역사적인 조수 채널을 복원한 Wood는 1년 동안 대자연이 자연 방어력을 복원하여 보다 탄력적인 해안선을 만드는 데 도움을 주었다. 이제 몇 달 간의 복원 작업을 거쳐 새롭게 복원된 서식지는 수십 년 만에 돌아온 철새들을 끌어들이고 있다. 새롭게 파내고 복원된 수로는 새로운 유형의 물고기를 끌어들이고 투구게는 기록적인 숫자로 돌아오고 있다. 또한 복원된 바닷물 습지는 다시 한 번 토종 식물과 풀의 서식지가 되었다. 이러한 르네상스를 가져오기 위해 취한 접근 방식은 해수면 상승과 기후 변화에 직면하여 해안선을 보호하기 위한 노력의 신호탄이 될 것이다.

어떻게?

Wood는 미국 어류 및 야생동물 보호국(U.S. Fish and Wildlife Service)이 미국 동부에서 가장 크고 복잡한 해안 복원 중 하나인 4,000에이커의 손상된 습지를 복원하도록 지원했다. 1,700만 달러 규모의 이 프로젝트는 침수된 피난처를 지속 가능하고 탄력적인 생태계로 대체하기 위해 다학제적 서비스를 활용했다. 현장 프로젝트 팀은 초안 수력 준설, 식재 및 외래종 관리를 통해 조수 수로를 만들기 위해 손상된 습지대를 복원하기 위해 노력했다. Wood는 역사적인 조수 채널 패턴을 사용하고 물의 자유로운 흐름을 허용하기 위해 기존 물 제어 구조를 수정했다. Wood는 약 100만 개의 자생 습지 풀을 설치하고 침입 식물을 제거했다. 향후 몇 년 동안 시스템이 복구됨에 따라 더 많은 토착 식물이 자연적으로 자랄 것이다.

4천 에이커의 훼손된 습지

첫 번째 단계는 습지를 통해 물이 흐르도록 전략적 패턴으로 수로를 파는 것으로 시작되었다. 1년 동안 하루 20시간, 일주일에 6일 준설 작업을 진행하여 바닷물이 조수와 함께 수로를 통해 이동할 수 있도록 조수 범람을 일으켰다. 그결과 갯벌은 토종 습지 풀이 자라기에 최적의 서식지를 만들어 폭풍에 대한 지역의 탄력성을 향상시켰다.

미 육군 공병대가 수행한 보다 집중적인 두 번째 단계에서는 110만 입방피트의 델라웨어 베이 모래를 사용하여 7,000피트의 해변가를 재건하고 10,000피트의 모래 울타리를 해안 재건의 표준 관행보다 훨씬 더 넓게 3줄로 건설했다. Wood는 보호 구역을 보호하기 위해 20에이커의 염수 저항성 Spartina를 심음으로써 이러한 탄력성 노력을 지원했다. 이 접근 방식의 기본 이론은 더 넓고 식생이 풍부한 모래 언덕이 더 좁고 식생이 적은 지역보다 더 빨리 스스로 복구될 수 있다는 관찰이었다. 지금까지 이 전술은 요소에 대한 해안 사구의 복원력을 높이는 데 성공했으며 향후 이러한 유형의 재건에 대한 표준 접근 방식을 형성할 수 있다. 오늘날 자연의 가장 강력한 파괴력이라는 역경에도 불구하고 Prime Hook National Refuge는 인근 주민과 방문객이 자연과 연결되고 다양한 조류, 파충류, 양서류 및 포유류를 즐길 수 있는 번성하는 안식처가 되었다.

우드는 다양한 환경 문제에 걸쳐 고객에게 다양한 컨설팅 서비스와 기술 전문 지식을 제공하여 수중 환경에 미치는 영향을 줄이기 위한 고객의 노력을 지원하는 프로젝트를 제공한다. 대표적으로 네브래스카주 블레어에 있는 2억 달러의 상업 규모의 오메가 3 지방산 시설에 대한 상세한 설계 및 건설 관리 계약을 수주하여, 기존 발효 부위의 브라운필드 수정과 오메가 3 제품의 분리 및 정화를 위한 그린필드 상세 설계를 제공하고 시행하였다. 이러한 프로젝트를 통해 우드는 해양자원 남획으로부터 해양자원을 보호하고, 해양자원을 보다 지속가능하게 하는 생태계를 육성하여 SDG 14의 실현에 기여하고 있다. 또한 델라웨어 만의 습지를 따라 위치한 10,000에이커의 프라임 훅 국립 야생동물 보호구역의 허리케인으로부터 해변 침식과 홍수로 훼손된 습지를 복원하였다. 이로 인하여 바닷물이 밀물과 함께 수로를 통해 이동할 수 있게 되었고, 갯벌은 토종 습지 풀이 자라기에 최적의 서식지를 만들어냈고, 폭풍에 대한 이 지역의 회복력을 향상시켰다.

이러한 우드의 노력 역시 해양 및 습지의 수자원을 보호하고, 해양 및 수자원을 보다 지속가능하게 하는 생태계를 육성한 대표적인 사례라고 볼 수 있다. 이러한 우드의 사례는 아가페사랑경영관점에서 볼 때, 보호와 육성이라는 아가페사랑경영관점의 두 가지 핵심요소를 모두 갖추고 있으며, 자사의 기술력을 활용하는 자력활용이라는 아가페사랑경영관점을 실천할 때 나타나는 특징을 잘 보여주고 있다.

(3) MARS

마즈는 미국의 식품업체이다. 과자류 생산으로 유명한 세계 굴지의 규모의 제과회사이다.

SHEBA® Hope Reef로 산호초에 희망을 전한다

산호초의 급속한 감소 속도는 오랫동안 화성에서 마즈의 관심사였으며 산호초 생태계를 복원하는 것은 한 세대에서 지속 가능하다는 마즈의 목표의 핵심 부분이다. 실제로 2018년 이후 주요 복원 사이트에서 산호 면적이 5%에서 55%로 증가했으며, 당사의 SHEBA® 브랜드는 HOPE Reef 복원 이니셔티브를 통해 그 모멘텀을 구축하고 있다. SHEBA® Hope Reef 산호초 복원은 전 세계 주요 장소에서 대략 148개의 올림픽 수영장 크기인 185,000제곱미터 이상의 산호초를 복원할 계획이다. 기후 변화, 남획, 파괴적인 어업 관행 및 해양 오염이 해양 건강에 상당한 영향을 미쳤기 때문에 이것은 중요한 작업이다. 사실, 과학자들은 마즈가 아

무엇도 하지 않는다면 2043년까지 전 세계 열대 산호초의 90%가 사라질 것이라고 추정한다. - 산호초의 생태계뿐만 아니라 음식, 수입 및 해안 보호를 위해 산호초에 의존하는 거의 5억 명의 사람들에게도 엄청난 전망이다.

SHEBA® Hope Reef는 산호초를 복원하기 위해 지역 사회에서 손수 만든 별 모양의 철 구조물인 리프 스타를 사용한다. 산호 조각이 빠르게 다시 자랄 수 있는 안정적인 기반을 제공하기 위해 다이버는 코팅된 구조물을 설치하여 한때 산호가 자란 해저를 덮는 강력하고 안전한 웹을 만들 것이다. 4명의 다이버가 500개의 리프 스타를 설치하는 데 단 이틀이 걸리고 1헥타르의 리프를 재건하는 데 20일이 걸리지만 그 결과는 중요할 수 있다. 지난 3년 동안 복구된 리프는 풍부한 물고기와 바이오매스를 증가시켰다. 상어와 거북이와 같은 산호초 먹이 사슬의 다른 종들도 돌아오고 있다. 생태학적으로 관련된 대규모 규모로 암초를 복원하는 운동에 참여하고자 하는 사람들은 참여하기 위해 다이빙 자격증이 필요하지 않다. SHEBA®는 조회할 때마다 산호초 복원에 돈을 다시 투자하는 YouTube 채널을 만들어 모두에게 희망을 키우고 물고기가 있는 미래를 보장할 수 있는 기회를 제공한다.

그리고 암초에 관한 한 희망은 열망적인 용어가 아니라 눈에 보이는 것이다. Spermonde Archipelago의 인도네시아 술라웨시 해안에 위치한 세계 최대의 복원된 산호초의 시작점은 복원된 산호를 사용하여 해저에서 HOPE라는 단어를 철자하도록 지어졌다. YouTube에서 SHEBA®의 Channel That Grows Coral을 통해 생성된 광고 수익금은 캠페인 파트너인 The Nature Conservancy를 통해 산호초 재생에 투자된다. 지속 가능성을 위한 노력을 위해 YouTube 채널의 자금이 100% 수익화된 것은 이번이 처음이다. 마즈의 SHEBA® 브랜드는 내셔널 지오그래픽과 협력하여 모두가 지금 행동한다면 희망을 잃지 않는다는 메시지를 지속적으로 전달하고 있다. 마즈는 함께 내일 더 건강한 바다를 위해 오늘 산호초를 복원하고 있다.

마즈는 세계 굴지의 제과회사로서 SHEBA® Hope Reef로 산호초에 희망을 불어넣고 있다. SHEBA® Hope Reef 산호초 복원 계획은 전 세계 주요 장소에 올림픽 수영장 148개 크기인 185,000 평방미터 이상의 산호초를 복원하는 것으로, 기후 변화, 과도한 착취, 파괴적인 어업 관행 및 해양 오염으로부터 해양 자원, 특히 산호초를 보호하고, 산호초를 비롯한 해양 자원이 지속가능한 생태계를 육성하고자 한다.

이러한 마즈의 사례는 아가페사랑경영관점에서 볼 때, 보호와 육성이라는 두 가지 핵심 요소를 갖추고 있으며, 제과회사 브랜드에 걸맞게 산호초의 복원을 진행하는 것도 브랜드와 연관성을 가진 진정성이 느껴지는 사례라고 볼 수 있어 아가페사랑경영관점의 특징인 진정성을 잘 보여주고 있다.

(4) Oceanbottle

작은 병 큰 영향 - 바다를 살리는 데 실제로 도움이 되는 재사용 가능한 병

오션보틀은 해양플라스틱 위기의 해결책의 일부가 되고 해양플라스틱 위기의 최전선에 사는 사람들의 생계를 지원한다. 오션보틀은 한 병의 판매로 1,000개의 페트병에 해당하는 11.4kg의 페트병이 바다로 들어가기 전 모금을 한다. 이 브랜드는 또한 사람이 사용하는 폐기물 관리에 투자하여 플라스틱 쓰레기를 해안 지역 커뮤니티에서 지역 주민들이 수거한 후 지역 플라스틱 은행에서 돈, 의료, 기술 제품, 학교 등록금 및 소액 금융으로 교환될 수 있다. 각 오션 보틀은 업사이클 오션 바운드 플라스틱과 스테인리스 스틸로 제작되었으며 뜨거운 음료와 차가운 음료를 모두 따를 수 있는 이중 개구부가 있다. 매일 2천 2백만 킬로그램의 플라스틱이 바다로 들어온다. 2050년이 되면 바다에는 물고기보다 플라스틱이 더 많아질 것이다. 지금까지 오션보틀은 80만kg이 넘는 바다 속 플라스틱을 모으는 데 도움을 주었다. 바다의 한 방울이지만 확실히 중요한 것이다.

오션보틀은 자신들의 제품이 오션보틀의 판매를 통해서 해양플라스틱 위기의 최전선에 사는 사람들의 생계를 지원한다. 오션보틀의 기금은 플라스틱 쓰레기를 해안 지역 커뮤니티에서 지역 주민들이 수거한 후 지역 플라스틱 은행에서 돈, 의료, 기술 제품, 학교 등록금 및 소액 금융으로 교환될 수 있도록 생태계를 육성하였다. 이러한 오션보틀의 노력은 매일 2천 2백만 킬로그램의 플라스틱이 바다도 들어가 위협받고 있는 해양과 해양자원을 보호하고, 이로 인하여 모금된 기금을 해양 플라스틱 위기의 최선에 사는 사람들의

생계가 지원되도록 하는 선순환 생태계를 육성했다는 측면에서 매우 의미가 있는 사례이다.

이러한 오션보틀의 사례는 아가페사랑경영관점에서 볼 때, 보호와 육성이라는 아가페사랑경영관점의 두 가지 핵심요소를 모두 갖춘 사례이면서, 그 선순환의 생태계가 해양플라스틱 위기의 최전선에 사는 사람들의 생계를 지원한다는 측면에서 매우 혁신적인 사례라고 볼 수 있다.

(5) Barclays

Barclays는 영국에 본사를 둔 글로벌 금융 서비스 기업이다. 유럽, 미국, 중동 라틴아메리카, 오스트레일리아, 아시아, 아프리카에서 영업을 한다. Barclays PLC는 일종의 지주회사이며, 런던 증권거래소와 뉴욕 증권거래소에 상장되어 있다. 자회사인 Barclays 은행을 통해서도 영업을 한다.

바다를 보호하기 위한 파트너십

바다는 기후와 지구상의 모든 생명체의 건강과 회복력을 지원한다. Blue Marine Foundation(BLUE)과 협력하여 2030년까지 전 세계 해양의 최소 30%를 효과적으로 보호하고 나머지 70%를 지속 가능하게 관리한다는 목표를 달성하도록 도울 것이다. BLUE는 해양 보호 구역을 만들고 중요한 서식지를 복원하며 지속 가능한 어업 모델을 구축하는 데 전념하고 있다. Barclays는 모두를 위해 영원히 건강한 바다에 대한 그들의 비전을 공유한다. 3년간 500만 파운드의 파트너십을 통해 Barclays는 BLUE와 협력하여 세계 해양 보존을 발전시킬 것이다.

바다의 힘

지구 산소의 절반 이상이 바다에서 나오며, 지구에서 가장 큰 탄소 흡수원이다. 산업 시대가 시작된 이래 이산화탄소 배출량의 약 40%를 흡수했다. 맹그로브, 염습지, 해초와 같은 해양 서식지는 놀라운 탄소 저장 능력을 가지고 있다. 해초는 열대 우림보다 35배 빠르게 해저에 유기 탄소를 매장할 수 있다. 해양 기반 조치는 2050년까지 온도 상승을 1.5°C로 제한하기 위해 '배출 격차'를 21%까지 줄일 수 있는 잠재력이 있는 것으로 추정된다. 바다는 또한 지구를 시원하게 유지하여 기후 변화 속도를 늦추는 데 도움을 주며 1970년 이후 인위적인 지구 온난화로 인한 과도한 열의 90% 이상을 흡수했다.

30억 명이 넘는 사람들이 단백질의 주요 공급원으로 자연산 및 양식 해산물에 의존하고, 43억 명이 넘는 사람들이 동물성 단백질 섭취량의 15%를 생선에 의존하고 있는 반면, 세계 인구의 약 10%는 생계 수단으로 어업에 의존하고 있다. 해양이 이러한 서비스를 수행할 수 있는 능력은 온난화, 산성화, 오염, 그리고 이러한 다른 위협을 더하는 남획으로 인해 손상되고 있다. 어업의 93% 이상이 완전히 또는 과도하게 이용되고 있으며, 추정에 따르면 현재 속도로 채굴을 계속하면 전 세계 어업이 2048년까지 붕괴될 것이라고 한다. 인간이 해양에 미치는 영향의 속도가 현재 속도로 계속된다면 해양 생태계 건강 및 서비스 손실로 인해 2050년까지 세계 경제에 연간 4,280억 달러의 비용이 들게 된다. 해양 보호 구역 조성과 같은 조치는 해양의 탄력성을 높일 수 있다. 보호되지 않은 지역보다 완전히 보호된 해양 보호 구역에서 어류 수는 670% 더 많은 것으로 나타났으며 이는 훨씬 더 탄력적인 생태계를 나타냅니다. 선도적인 글로벌 과학적 합의는 해양 위기를 해결하고 지구의 이익을 위해 해양 건강을 회복하는 데 10년밖에 남지 않았다는 것이다.

함께 행동하기

Barclays는 재단이 바다를 보호, 유지 및 복원하는 데 도움이 되는 특정 프로그램에 대해 BLUE와 협력할 것이다. 여기에는 다음과 같은 영역이 포함된다.

보호

BLUE는 2030년까지 바다의 최소 30%에서 중요한 서식지와 종의 보호를 보장하기 위해 효과적인 해양 보호 지역(MPA)을 식별, 옹호, 설계 및 구현하는 데 도움을 준다. BLUE는 전 세계에서 엄선된 대상 프로젝트를 통해 기후변화의 영향을 완화하는 데 도움이 될 MPA의 '블루 벨트'를 더욱 강화할 것이다.

지속 가능한 관리

세계 해양 관리는 최고의 과학적 조언을 따르고 남획된 자원을 복원하기 위한 효과적인 조치를 취하기 위해 지속적인 조사와 도전이 필요하다. 다른 솔루션 중에서 BLUE는 바다의 나머지 70%에서 지속 가능한 낚시 모델을 개발하여 영향이 적은 낚시가 해양 생물, 지역 어민 및 지역 사회에 도움이 된다는 것을 증명하고 있다. 영국의 Lyme Bay에서 진행된 대표 프로젝트에서 BLUE는 강력한 보존이 자연과 영향이 적은 어업에 혜택을 제공할 수 있음을 입증했다. 이것은 해양 환경(보호구역은 생물다양성이 52% 증가했으며 어린 바닷가재가 4.5배 더 많다)과 소규모 어민(더 높은 수입과 직업 만족도를 기록한) 모두에게 측정 가능한 이점이 있는 공동 보존에 기반한 모델이다.

복원

BLUE는 취약하고 위협받는 종을 되살리고 보호하며 탄소를 격리하기 위해 해양 서식지를 복원하기 위해 노력하고 있다. 일부 해안 생태계는 육지의 숲보다 단위 면적당 더 많은 탄소를 격리하고 저장할 수 있으며 기후 변화를 완화하는 데 중요한 역할을 한다. 3년 이내에 가장 유용한 과학에 대한 조사를 기반으로 BLUE는 기후 변화의 영향을 완화하고 모범 사례, 확장 가능, 복제 가능한 템플릿을 구축하기 위한 5가지 주요 복원 프로젝트를 수립 및 강화하고자 한다.

바클레이스는 영국에 본사를 둔 글로벌 금융 서비스 기업으로서 바다를 기후 위험으로부터 보호하기 위해서 블루마린 재단(BLUE)과 협력하고 있다. BLUE는 해양 보호 구역의 조성, 중요한 서식지 복원, 지속 가능한 어업 생태계를 육성하는 데 전념하고 있다. 바클레이스는 BLUE와 협력하여, 해양 자원을 보호하고 복원하여, 지속 가능한 관리 시스템을 육성하고 노력한다.

이러한 바클레이스의 사례는 해양과 해양 자원을 환경 위험으로부터 보호하고, 지속가능한 해양 자원의 관리 시스템과 어업 생태계를 육성한다는 측면에서, 아가페사랑경영관점에서 볼 때, 보호와 육성이라는 아가페사랑경영관점이 두 가지 핵심 요소를 모두 갖추고 있으며, 파트너십과 협력이라는 아가페사랑경영관점을 실천하는 과정 가운데 나타나는 대표적인 특징을 잘 보여주고 있다.

3) NGO단체들

(1) FAO(Food and Agriculture Organization of the United Nations): 유엔식량농업기구

가봉의 어류 수요 증가로 젊은이들에게 양식업의 출구 제공 – 소득 증대 및 영양가 있는 식량원 확보를 위한 양식장의 잠재력 증대

Levedy Céleste Lossangoye는 어릴 때부터 양식업에 대한 열정을 키웠다. 그녀는 중앙 아프리카 국가인 가봉의 Andem에 있는 가족 양어장의 양어장에 둘러싸여 자랐다. 수도인 리브르빌에서 약 60km 떨어진 곳에 위치한 그녀의 가족 농장은 2헥타르에 21개의 연못이 있으며 연간 약 37톤의 생산 능력을 갖추고 있다. 편안한 생활을 하기에는 충분하지만 아직 개발되지 않은 잠재력이 있다.

이제 30세인 Céleste는 비전을 가진 농업 엔지니어다. 그녀는 가족 사업을 틸라피아와 메기를 기르는 것뿐만 아니라 그 물고기를 전국의 사람들에게 직접 판매하는 대규모 사업으로 바꾸기 위해 아버지 다니엘과 함께 일하고 있다. "이 농장은 사업이 직면한 많은 어려움에도 불구하고 지역 수요를 충족시킬 수 있는 엄청난 잠재력을 가지고 있습니다."라고 그녀는 말한다.

중앙 아프리카 지역의 많은 해안 국가와 마찬가지로 생선은 가봉에서 인기 있는 식품 공급원이다. 연간 어류 소비량은 1인당 약 35kg으로 아프리카에서 가장 높은 비율 중 하나이지만 현지 시장을 만족시키기 위해 매년 25,000톤 이상의 어류를 수입해야 한다. 그 동안 계속해서 증가하는 지역 수요를 충족시키기 위해 고군분투하고 있음에도 불구하고 가봉에서 양식업은 미미하고 활용도가 낮은 활동으로 남아 있다. 2017년부터 FAO는 가봉 정부와 협력하여 해상 및 내수면 어업을 포함한 5개의 새로운 어업 센터를 설립하고 농부의 기술을 향상시켜 생산량을 늘리는 방식으로 상업적 양식업을 더욱 발전시켜 왔다.

또한 FAO는 양식업자의 요구에 대한 연구를 수행한 후 Céleste를 포함한 젊은 남녀 기업가의 기술 역량, 생산 기술 및 비즈니스 노하우를 구축하기 위해 Estuaire, Oyem 및 Bitam의 3개 지역에서 교육 과정을 실시했다. 주제에는 양어장 선택, 부유식 우리의 제조 및 조립, 생산 기술 및 틸라피아 및 메기의 품질 향상이 포함된다.

"우리는 이미 가지고 있는 것에 가치를 더할 수 있는 플로팅 케이지를 만드는 방법을 배웠습니다. 이미 연못이 있기 때문에 생산량을 늘리는 데 사용할 수 있습니다."라고 Céleste는 말했다. FAO 어업 및 양식 담당관인 Lionel Kinadjian은 "가봉의 양식업은 아직 초기 단계에 있으며 식량 안보에 크게 기여하지 않지만 양식업의 발전은 젊은이들에게 실질적인 일자리 기회를 제공합니다."라고 말했다. "수경재배를 촉진하기 위한 환경 조건뿐만 아니라 수요도 있습니다."

FAO와 가봉 정부는 어류 양식장의 역량을 구축하고 젊은이들이 양식업에 참여하여 실업률을 해결하고 증가하는 어류 수요를 활용하도록 장려하고 있다.

청년 취업의 기회

국제노동기구(ILO)에 따르면 많은 젊은 졸업생들이 청년 실업률이 38%에 달하는 가봉에서 일자리를 찾기 위해 고군분투하고 있다. FAO는 어업 및 양식업 부문이 특히 젊은이들에게 일자리를 창출하고 식량 안보 및 영양 문제를 해결할 수 있는 엄청난 잠재력을 제공한다고 믿는다. "수경재배는 가족을 먹여 살릴 수 있고 재정적 필요를 충족시킬 수 있는 수익성 있는 활동입니다."라고 Céleste는 말했다. "실직자 여러분의 참여를 촉구합니다."

최신 자료에 따르면 가봉에서 양식업과 양어업을 하는 농부는 423명이지만 35세 미만은 22.7%에 불과하다. 양식 생산 외에도 FAO는 사업 계획을 강화하기 위한 양식 투자 및 의사 결정에 대한 워크숍을 제공함으로써 청소년에게 이러한 봉사 활동을 지원한다. 또한 참가자들에게 양식 및 수확 장비를 제공했다. 메기와 틸라피아를 생산하는 27세 양어업자 Yannick Mve Obiang은 FAO 과정을 통해 연못을 현대화하고 생계형 양식에서 상업적 생산으로 전환할 수 있는 기술과 통찰력을 얻었다고 말했다.

그러나 가봉에서 이 부문은 투자 자본의 부재뿐만 아니라 저렴한 가격에 이용할 수 있는 어류나 양질의 새끼 어류가 부족하다는 제약에 직면해 있다. Kinadjian은 "품질 기본 투입물의 가용성 부족으로 인해 이 부문이 새로운 투자자를 유치하고 국가 어류 생산량을 두 배로 늘려 2025년까지 50,000톤에 도달하려는 정부의 목표를 달성하기가 어렵습니다"라고 말했다. "우리는 활동의 수익성과 지속 가능성을 보장하고 개발 프로젝트나 정부 기부금 외부에서 자금을 동원할 수 있도록 하는 사업으로서 양식업의 비전을 매우 강조했습니다."

증가하는 수요를 충족시키기 위한 농장 증가

Céleste는 가족의 양어장 관리에서 더 큰 역할을 수행하는데 열정적이다. "나는 아버지가 우리 제품의 기술적 측면, 생산 및 마케팅을 개선하고 우리 활동의 수익성을 개선할 수 있도록 농장에 투자하기로 결정했습니다."라고 그녀는 말했다. "나의 장기적인 비전은 Lossangoye 생선 가게가 리브르빌 전역에 생겨나고 가봉에서 최고의 양어장이 되는 것입니다." 가봉과 기타 여러 중앙아프리카 국가에서 FAO는 젊은이들이 역량을 키우고 보다 생산적이고 수익성 있는 활동에 참여하여 보다 탄력 있고 지속 가능한 미래를 확보할 수 있도록 지원하는 농업 프로그램을 지원한다.

외래종들이 지중해의 본질을 바꾸고 있다 - 불안한 추세를 해양생태계 보전과 민생 보호의 기회로

Redcoat는 현재 지중해에서 발견되는 수백 종의 외래종 중 하나로서 해양 생태계와 지역 어업 공동체에 대한 위협에 대한 우려를 불러일으키고 있다. 지중해는 지역 외부에서 온 수백 마리의 물고기, 해파리, 새우 및 기타 해양 생물의 침입을 받고 있다. 1,000종 이상의 비토착종이 지중해와 흑해에서 확인되었다. 절반 이상이 영구적인 개체군을 확립하고 확산되고 있어 해양 생태계와 지역 어업 공동체에 대한 위협에 대한 우려를 불러일으키고 있다.

"기후 변화와 인간 활동은 지중해와 흑해에 심오한 영향을 미쳤습니다."라고 지중해 일반 어업 위원회(GFCM)에서 일하는 지중해 동부 어업 전문가 Stefano Lelli는 말한다. FAO가 설립한 이 지역 어업 관리 기구는 지중해와 흑해에서 지속 가능한 어업과 양식을 촉진하기 위한 노력을 주도하고 있다. 어부, 자연 보호 활동가, 과학자 및 정부 당국과 협력하여 외래종의 증가를 더 잘 이해하고 국가가 완화 및 관리 조치를 개선하도록 돕는다. "우리는 해양 생태계의 신속하고 중대한 변화를 목격했으며 이는 지역 사회의 생계에 여러 가지 영향을 미쳤습니다. 앞으로 몇 년 동안 우리는 비토착종의 수가 계속 증가할 것으로 예상합니다."라고 Lelli는 덧붙였다.

지중해는 주로 기후 변화로 인해 수온이 상승하면서 "열대화" 과정을 겪고 있다. 또한 많은 종들이 지브롤터 해협이나 수에즈 운하와 같이 선박의 선체에 붙어 있거나 선박 내부의 밸러스트 수로와 같이 이동이 잘 되는 항로를 통해 이동했다. Pacific cupped oyster 및 Japanese carpet shell과 같은 다른 종은 1960년대와 1970년대에 양식을 위해 도입되었으며 이후 탈출하여 지중해 생태계를 식민지화했다. 일단 자리를 잡은 비토착종은 토착종을 능가하고 주변 생태계를 변화시킬 수 있으며 어업, 관광 또는 인간의 건강에 잠재적인 경제적 영향을 미칠 수 있다. 예를 들어, 복어, 라이언피시 및 여러 해파리 종과 같은 6종의 유독하고 독이 있는 비토착 어종은 현재 지중해 동부에 존재하며 만지거나 섭취할 경우 인간에게 유독할 수 있다.

FAO의 GFCM은 키프로스, 이집트, 그리스, 레바논, 이스라엘, 시리아, 튀르키예를 지원하여 이러한 외래종을 매핑, 모니터링 및 관리하는 복잡한 작업을 수행하고 있다. 이 위원회는 영향을 받는 국가들이 정보와 전략을 공유하는 포럼 역할도 한다. GFCM 어업 책임자인 Elisabetta Morello는 "이 과정에서 얻은 결과와 교훈은 외래종에 대한 지식을 구축하여 효과적으로 관리할 수 있도록 해야 합니다."라고 말했다.

비토착종은 새로운 지역 및 수출 시장에 접근할 수 있는 기회를 제공한다. - 위협을 기회로 전환

이 지역 전역의 어부들은 이러한 추세에 영향을 받았다. 그러나 GFCM의 지원으로 그들은 이러한 침략을 기회로 바꾸는 새로운 방법을 찾고 있다. 외래종이 어획량의 80%를 차지하는 남서부 Türkiye에서는 어부들이 쏠배감펭, 성게, 랜달돔과 같은 어종을 위한 새로운 소비자 및 수출 시장을 점진적으로 창출하고 있다.

레바논은 또한 어부들이 외래어종을 포획하도록 훈련시켜 소비자들이 이를 시도하도록 장려하고 있다. 레바논 발라만드 대학교 부교수 겸 환경연구소 소장 Manal Nader는 "토끼고기, 홍해염소고기, 라이언피쉬는 레바논에서 수입원이 되는 외래종의 예입니다."라고 말한다. 튀니지에서는 FAO와 튀니지 정부가 어부들을 새로운 시장에 연결하는 데 도움을 주면서 전통적인 어업을 위협하고 있던 두 가지 외래종 꽃게가 수익성 있는 사업으로 전환되었다. 스페인과 지중해의 다른 지역에서도 동일한 일이 발생하여 이러한 종을 관리하기 위한 전담 GFCM 연구 프로그램이 시작되었다.

"해양 생태계에 대한 외래종의 영향을 모니터링하고 완화하는 것은 비용이 많이 들고 대부분의 경우 박멸이 불가능합니다."라고 GFCM 선임 어업 책임자인 Miguel Bernal은 말했다. "식품, 의약품 등의 공급원으로서 상업화 및 활용이 가능할 때 상업적 어업은 이 문제를 해결하는 가장 효과적인 도구임이 입증되었습니다." FAO는 튀니지 정부와 협력하여 어부들이 침입성 꽃게를 새로운 수출 시장에 진출하여 수익성 있는 사업으로 전환할 수 있도록 지원했다.

토종 보호

토종 종을 보호하기 위해 GFCM은 어업 제한 구역의 생성을 지원한다. 잘 보존된 지역은 외래종의 영향에 더 탄력적인 것으로 입증되었다. 지중해의 비 토착 종에 대한 GFCM의 연구 저자 Bayram Öztürk는 "지중해와 흑해의 외래종을 없애기 위해서는 국제적, 지역적 협력과 단합된 행동이 필요합니다."라고 말했다. "말할 필요도 없이 비토착종의 영향은 이 지역의 모든 국가에서 모니터링해야 합니다. 한 번 도입된 종이 근절하기에는 너무 늦을 수 있습니다."

GFCM의 연구인 지중해와 흑해의 비토착종을 첫 번째 단계로 위원회는 현재 이 지역 국가들과 협력하여 어업 기술을 채택하고 새로운 시장에 연결하며 어부들이 이를 통해 새로운 생계를 꾸릴 수 있도록 돕고 있다. 보호 지역을 통해 해양 생태계를 보존하는 중요한 작업을 유지하는 동시에 어획량을 유지한다.

과거의 보물에서 미래의 산업 건설 - FAO의 지원으로 아랍 에미레이트는 지속 가능한 양식 관행을 통해 과거 진주 양식을 되살린다.

진주 산업은 한때 아랍에미리트 경제의 초석이었다. 이제 FAO는 정부가 이 부문을 강화하고 지속 가능한 양식을 도입하여 새로운 일자리를 창출하고 환경을 보호하며 생계를 제공하도록 지원하고 있다. 8,000년 된 진주가 지금까지 발견된 것 중 가장 오래된 것으로 확인되었을 때, 그것은 세계적인 헤드라인을 장식했다. 천연진주는 2019년 아랍에미리트(UAE) 중 하나인 아부다비의 마라와 섬에서 고고학 발굴 중 발견됐다. 진주 산업은 한때 UAE 경제의 초석이었으며, 진주 잠수부들이 귀중한 보석을 수확하기 위해 최대 20

미터 깊이까지 잠수하곤 했다. 그러나 20세기 동안 산업은 석유 붐에 압도되었고 진주 채취는 거의 완전히 사라졌다.

UAE의 아부다비 환경청(EAD)은 FAO와 협력하여 아라비아 만의 따뜻한 바다에서 에미레이트 항공의 진주 산업을 되살리고 있다. 이는 FAO와 UAE의 기후변화환경부가 지속 가능한 양식업을 도입하고 일자리를 창출하고 환경을 보호하며 장기적으로 생계를 지원하는 부문을 구축하는 데 중점을 둔 광범위한 협력의 일환이다. EAD의 육지 및 해양 생물다양성 부문 전무이사인 Ahmed Esmaeil Alhashmi는 다음과 같이 말했다. "진주 잠수는 한때 위험한 직업이었지만 계절적 고용과 부와 번영의 기회를 제공했습니다. 그것은 단순한 무역이나 생계 수단이 아니라 풍부한 전통 유산을 키워온 완전히 통합된 사회 시스템입니다. EAD는 이제 지속 가능한 현대적 관행을 통해 아부다비의 진주 채취 과거를 되살리는 방법을 찾았습니다."

또한 FAO는 UAE와 협력하여 식량 안보에 기여하고 환경에 대한 교육을 촉진하며 젊은이들을 위한 미래를 건설할 수 있는 지속 가능한 양식 부문을 구축하고 있다. 생태관광의 가능성도 보인다. "그것은 국가의 문화 유산을 인정하고 어장 양식이나 굴이나 해초와 같이 먹이를 필요로 하지 않

고 해역의 특정 조건에 적응하는 아부다비 해안을 따라 수
생 생물의 생산과 같은 새로운 농업 기술을 도입하는 것입
니다."라고 FAO 선임 양식 및 어업 담당관 Lionel
Dabbadie가 말했다.

FAO는 UAE 해안선에 대한 상세한 분석을 수행하여 굴과
진주 양식을 포함한 양식업이 지속 가능하게 실행될 수 있
는 지역을 식별하고 매핑했다. FAO는 2019년부터 정부가
걸프 지역에서 지속 가능한 양식업을 개발하여 식량 생산,
영양 및 수입을 늘리도록 지원하고 있다. 이 목표를 염두에
두고 UAE의 기후 변화 환경부는 FAO에 해안선에 대한 상
세한 분석을 수행하여 굴과 진주 양식을 포함한 양식업이
지속 가능하게 실행될 수 있는 지역을 식별하고 매핑할 것
을 요청했다.

"다른 많은 해양 자원과 마찬가지로 천연 굴 양식장은 남획
과 서식지 파괴로 어려움을 겪었습니다. UAE의 전략은 생
태계를 보호하여 회복할 수 있도록 하는 동시에 지속 가능
한 농업을 개발하여 야생 포획에서 양식 활동으로 전환하는
것입니다."라고 Dabbadie는 덧붙였다. FAO는 이 전략을
지원하고 UAE 해안을 따라 지속 가능한 개발을 극대화하기

위해 노력하고 있다. Dabbadie 씨는 "수심이 깊은 곳은 가두리 양식을, 얕은 곳은 해조류나 해삼, 진주조개 등 조개류 양식을 추천한다"고 말했다. 궁극적으로 진주 산업을 되살리는 것은 생태 관광의 문을 열어 진주 채취와 관련된 전통과 유산을 강조하고 특히 여성과 젊은이들을 위한 일자리 수를 늘릴 수 있다.

마법이 일어나는 법

진주 굴은 브로드캐스트 산란자다. 그들은 수정이 일어나는 탁 트인 물에 난자와 정자를 방출한다. 수백만 개의 수정란 (spat) 중 몇 개만이 적절한 표면에 성공적으로 정착하여 성체 굴로 성장하는 반면, 나머지는 포식자에게 먹히거나 정착할 적절한 표면을 찾지 못한다. 이것은 EAD가 바다에서 플로팅 로프를 보내 다른 방법으로는 정착할 곳을 찾지 못할 진주 굴 패트를 모으는 때다. 치패 채집자는 1년 동안 바다에 방치된 후 어린 굴을 채집하여 추가 성장을 위해 프로젝트 현장으로 가져간다.

굴이 2년이 되면 핵 또는 껍질 구슬로 알려진 작은 굴 조각을 굴 과육에 접목하여 진주 생산을 유도한다. 그런 다음

굴을 양식장으로 되돌려 2년 동안 계속해서 키운다. 수확 후 진주는 광택, 색상, 모양 및 크기에 따라 분류된다. Abu Dhabi Pearls Project의 현장인 Al-Dhafra에서는 매년 약 20,000개의 양식 진주가 생산되지만 이 숫자를 연간 약 25,000개의 진주로 늘릴 계획이 있다. 이것은 또한 특히 여성과 청년을 위한 일자리의 수를 증가시킬 것이다.

EAD는 또한 Zayed University의 College of Arts and Creative Industries와 협력하여 프로젝트의 진주를 사용하여 보석 디자인을 홍보하고 보석 제작에 학생들을 참여시키고 있다. 궁극적으로 이 프로젝트는 진주 채취와 관련된 전통과 유산, 그리고 지속 가능한 진주 양식을 촉진하는 데 사용되는 현대 기술을 강조하는 생태 관광의 목적지가 될 계획이다. FAO의 기술 지원을 통해 순환 양식 시스템과 같은 현대 기술에 대한 UAE의 투자는 환경을 보호하고 유산을 유지하면서 일자리를 창출하는 지속 가능하고 수익성 있는 양식 부문을 구축하는 데 도움이 된다.

조류는 파나마에서 원주민 어부들에게 새로운 전망을 제공한다 - FAO는 감소하는 어류 자원 속에서 여성 어부들이 새로운 기술을 개발하도록 돕고 있다.

현지 어류 자원이 감소함에 따라 FAO는 파나마의 구나 얄라 원주민 영토에서 해조류를 새로운 수입원으로 재배, 수확 및 가공하는 방법에 대해 여성과 협력하는 프로그램을 시행했다. 카리브해 가장자리에는 수세기 동안 구나족이 거주해 온 파나마의 자치 원주민 영토가 있다. 그것은 같은 이름의 만 주위를 구불 구불하며 약 300 개의 섬으로 구성된 군도를 포함한다. 이 영토 내에는 바다가 음식, 일, 삶 자체를 상징하는 해안 마을인 Naranjo Grande가 있다.

이것은 Luisa Lopez Hurtado가 평생을 살았던 곳이다. 구나 원주민의 일원인 그녀는 기억할 수 있는 한 파나마 동부 해안에서 가족과 함께 낚시를 해왔다. 네 아들의 어머니인 Luisa는 이렇게 말했다. "저는 바다에서 자랐습니다. "어렸을 때 아버지의 낚시 여행에 동행했습니다." 여러 세대 동안 구나 사람들은 삶과 생계를 위해 해양 및 연안 자원에 의존해 왔다. 그러나 나란조 그란데(Naranjo Grande) 여성 협회장인 루이사는 남획과 기후 변화로 인해 현지 어류와 가재 자원이 영향을 받아 어부들이 생계를 유지하기가 점점 더 어려워지고 있다고 말한다. "수산물 생산은 어릴 때와 다릅니다. 예전만큼 물고기가 많지 않고 과거에 풍부

했던 바닷가재를 찾기가 점점 어려워지고 있습니다."라고 그녀는 말했다.

Luisa의 여성 그룹 멤버인 24세 Maria Dickson은 이를 확인한다. "생산량이 급격히 감소했습니다."라고 Maria는 말했다. "때때로 나는 그들이 너무 작게 잡는다고 생각하고 그것이 그들이 번식할 수 없는 이유입니다." 여성은 농업, 관광 및 수공예품 생산뿐만 아니라 물고기 청소 및 가공에 종사하는 많은 사람들과 함께 Guna 커뮤니티에서 중요한 역할을 한다. 그러나 그들은 종종 수입을 남성에게 의존한다. COVID-19 대유행이 시작된 이후 관광업의 급격한 감소와 어류 자원 감소는 많은 가족, 특히 여성이 이끄는 가정을 빈곤에 빠뜨리는 엄청난 영향을 미쳤다.

FAO는 이제 조류 생산 및 처리와 관련된 기술을 공유함으로써 구나족에게 새로운 기회를 열어주고 있다. 해안 원주민 어부들, 특히 여성을 위한 새로운 훈련 이니셔티브는 그들에게 다른 출처에서 생계 옵션을 제공한다. 파나마 수산자원국(ARAP)과 파나마 원주민 정부의 지원을 받는 FAO 파일럿 프로그램은 20명의 여성과 5명의 남성과 함께 해조류를 상업용 비누와 크림으로 전환하기 전에 어떻게 재배, 수확 및 처리하는지에 대한 지식을 공유한다.

FAO는 여성들이 긴급 상황에 대비한 순환 기금을 만들고 관리하는 것을 도왔으며 조류 기반 제품 판매를 위한 협동조합을 조직하도록 지원했다. FAO의 중남미 및 카리브해 지역 어업 및 양식업 선임 책임자인 Alejandro Flores는 이것이 구나 여성의 회복력과 독립성을 높이는 것이라고 말했다. 플로레스는 "우리는 원주민 여성 조직과 협력하여 그들의 경제적 역량 강화에 기여하고자 했습니다."라고 말했다.

Naranjo Grande 협회와의 협의 후 FAO와 ARAP는 해조류의 지속 가능한 재배 및 수출을 전문으로 하는 민간 기업인 Gracilarias de Panama에 접근했다. 회사는 무료로 그룹을 교육하고 제품을 구매하기로 동의했다. Gracilarias가 해조류 재배에서 Guna 여성의 역량을 구축하는 데 도움을 주는 동안 FAO는 여성과 함께 회전 기금을 만들고 관리하고 생산물 판매를 위한 협동조합을 조직하는 데 도움을 주었다.

참가자들은 2021년 11월 초초 녹조류를 심어 2022년 2월 첫 수확을 했다. 녹조류를 햇볕에 말리며 녹조류 벽에서 젤리 같은 물질인 한천을 추출해 비누와 화장품을 만드는 방법을 배웠다. Flores는 결국 이러한 경제 활동의 수익으로 설정된 기금의 의도는 다른 프로젝트에 자금을 지원하고 비상시 가족을 지원하는 것이라고 말했다. 플로레스는 "초기 단계지만 중요한 진전을 이뤘다"고 말했다. "이미 두 번 수확했습니다. 그들은 이제 훨씬 더 많은 권한을 느끼고 가족에게 더 많이 기여하여 더 자율적일 수 있습니다."

원주민 여성들은 비누와 화장품을 만들기 위해 조류를 잡다한 방법과 벽에서 젤리 같은 물질인 한천을 추출하는 방법을 배웠다. Maria는 자신이 배운 새로운 기술에 이미 감격했다고 말했다. "조류를 재배할 수 있을 거라곤 상상도 못했습니다. 정말 놀랐습니다."라고 그녀는 말했다. "저는 우리가 제품을 만들어 지역 및 관광객들에게 판매할 수 있기를 기다릴 수 없습니다. 그것은 우리 경제에 큰 도움이 될 것이고 지역 사회에 긍정적인 변화가 있을 것이라고 확신합니다."

Gracilarias는 이 이니셔티브를 파나마의 여성 커뮤니티뿐만 아니라 전체 지역의 성공이자 모델로 간주한다. 참여한 사람들 외에도 구나 커뮤니티의 또 다른 150명의 회원들이 앞으로 이 프로젝트에 참여하기를 희망한다. Gracilarias는 비누와 크림 생산을 넘어 말린 해초의 상업화와 해조류 심기 지역을 생태 관광 센터로 사용하여 현지 및 외국인 방문객을 수용하기 위해 결국 Guna 원주민 여성과 협력하기를 희망한다고 말한다.

이 프로젝트는 소규모 어부와 어업 노동자의 중요한 역할과 삶과 생계에 대한 기여를 강조하는 국제 영세 어업 및 양식업의 해(IYAFA 2022)와 일치한다. FAO는 소규모 영세 어부, 양식업자 및 어업 종사자들의 작업 가치를 인식함으로써 그들이 해양 및 천연 자원의 책임감 있고 지속 가능한 사용을 통해 인간의 복지, 건강한 식품 시스템 및 빈곤 퇴치에 대한 기여를 강화할 수 있는 권한을 부여받는 세상을 만들고자 한다.

유엔식량농업기구(FAO)의 가봉의 사례는 가봉의 물고기 수요 증가로 인하여 젊은이들에게 양식업으로 진출을 독려하면서, Levedy Celleste Lossangoye라는 소녀의 사례를 소개하고 있다. 물고기는 가봉에서 인기 있는 식량 공급원으로 연간 생선 소비량은 1인당 약 35kg으로 아프리카에서 가장 높은 비율 중 하나이지만 현지 시장을 만족시키기 위해서는 매년 2만 5,000t 이상의 생선을 수입해야 한다.

이러한 상황에서 FAO는 가봉 정부와 협력하여 해양 및 내

륙 어업 모두 5개의 새로운 어업 센터를 설립하고 생산량을 늘리기 위해 농가의 기술을 향상시킴으로써 상업적 양식업을 더욱 발전시키고 있다.

또한 FAO는 양식업자의 요구에 대한 연구를 수행한 후 에스투아르, 오얌, 비탐 등 3개 주에서 연수과정을 진행하여 셀레스트 등 젊은 남녀 기업인들의 기술력, 생산능력, 사업 노하우 등을 쌓았다. 이러한 FAO의 노력은 가봉의 양식장 산업을 육성하여 가봉 경제에 기여할 뿐 아니라, 무분별한 해양자원을 남획하는 것으로부터 해양자원을 보호하여, 해양 자원을 지속가능하게 개발하도록 하는 지속가능한 해양 자원 생태계를 육성한다.

또한 FAO가 설립한 지중해 지역 어업 관리 기구는 지중해와 흑해의 지속 가능한 어업과 양식업을 촉진하기 위한 노력을 주도하고 있다. 그것은 어업인, 보존학자, 과학자 및 정부 당국과 협력하여 비토종 종의 증가를 더 잘 이해하고 국가들이 완화 및 관리 조치를 개선할 수 있도록 돕는다. 이들은 토착종이 아닌 종들은 새로운 지역 및 수출 시장을 개척할 수 있는 기회를 제공하여 위험을 기회로 전환한다. 이러한 FAO의 노력은 온난화로 인한 해수면 온도의 상승으로 침입해 온 비토종 종의 위협으로부터 지중해 인근의 해양 자원을 보호하고, 더 나아가 비토종을 새로운 시장을 개척하는 새로운 수익창출의 비즈니스 생태계로 육성하여 어업 종사자들의 소득을 증대시켜 주고 있다.

FAO이 또 다른 사례는 지속가능한 양식 관행을 통해 진주 산업의 새로운 생태계를 육성해 나가고 있다. 특히 주목해야 할 점은 FAO의 기술 지원으로, UAE의 재순환 양식 시스템과 같은 현대 기술에 대한 투자는 환경을 보호하고 유산을 존속시키는 동시에 일자리를 창출할 지속 가능하고 수익성 있는 양식 분야를 구축하는 데 도움을 주고 있다는 것이다.

FAO의 노력을 통해서 재순환 양식 시스템으로 인한 지속가능한 진주 양식을 통해 해양 자원을 보호하면서도, 진주산업의 활성화로 지속적인 수익을 종사자들에게 가져다 줄 수 있는 새로운 진주 산업 생태계가 육성되고 있다는 것이다.

마지막으로 파나마의 조류가 원주민 어부들에게 새로운 전망을 제공해주는데, FAO는 어류 재고 감소 속에서 여성 어부들이 새로운 기술을 개발하도록 돕고 있다는 사례이다.

지역 어류 자원이 줄어들자, FAO는 파나마 구나얄라 원주민 영토에서 새로운 수입원으로서 해조류를 재배하고, 수확하고, 가공하는 방법을 여성과 함께 연구하기 위한 프로그램을 시행했다.

이로 인하여 연안 원주민 어부들, 특히 여성들에게 다른 원천으로부터 생계 선택권을 주었다. FAO는 소규모 장인어업인, 양식어업인, 양식어업인의 업무 가치를 인정함으로써 해양 및 천연자원의 책임 있고 지속 가능한 사용을 통해 인간 복지, 건강 식품 시스템 및 빈곤 퇴치에 대한 기여도를 높일 수 있는 권한을 부여받는 세상을 만들고자 한다.

이러한 다양한 FAO의 사례들은 해양 자원을 보호할 뿐 아니라, 이러한 해양자원을 지속가능하게 개발하여 지속가능한 해양 자원 개발 생태계를 육성하고, 이를 통하여 어업 종사자들에게 소득을 향상시켜주는 매우 혁신적인 모델을 제시하고 있다.

이러한 FAO의 사례는 아가페사랑경영관점에서 보호와 육성이라는 두 가지 핵심 요소를 모두 갖추고 있을 뿐 아니라, 다양한 파트너십과 협력하여 프로젝트를 진행함으로써 파트너십과 협력이라는 아가페사랑경영관점을 실천하는 과정가

운데 나타나는 파트너십과 협력이라는 대표적인 특징을 잘
보여준다.

특히 FAO의 사례는 이러한 일련의 과정들을 통해서 영세한
어업 종사자들, 특히 여성들에게 소득의 증대와 일자리를
제공해 준다는 매우 혁신적인 모델이라고 볼 수 있다.

(2) The Institution of Environmental Sciences (IES)

환경과학연구소(IES)는 이 중요한 분야에서 일하는 전문 과
학자들과 학자들을 지원함으로써 환경과학에 대한 대중의
인식을 증진시키고 높이는 자선 단체이다.

해산물 인증 및 SDGs: 해양 건강과 생명 및 식도락 연결

바다의 건강은 인간의 웰빙과 불가분의 관계가 있으며 어업
은 식량 안보, 생계 및 전 세계 수십억 인구의 지속 가능한
개발에 필수적이다. 2014년 개발도상국의 수산물 수출액은
미화 800억 달러로 다른 모든 식품(육류, 쌀, 설탕 포함)을
합친 것보다 높다. 그러나 이 자원의 보호는 지구촌의 지속

적인 과제다. 2009년 이후 전 세계적으로 남획된 어족의 비율은 약 30%를 유지했으며, 부실하게 관리된 어업은 전 세계 해양 생태계의 악화에 기여했다.

최근 연구에서는 지속 가능성을 개선하기 위한 선진국 어업의 노력을 강조하고 있지만, 특히 해산물의 73%가 잡히는 개발도상국에서 중요한 과제가 남아 있다. 이러한 맥락에서 해양 건강을 복원하고 해양 자원의 지속 가능한 사용을 보장하려면 과학 및 환경 보전을 활용하고 사회적 및 경제적 문제를 해결하는 총체적인 접근 방식이 필요하다.

유엔(UN) 지속가능발전목표 14(Life Under Water)는 빈곤, 기아, 열악한 근로조건의 완화를 포함하는 다른 유엔 지속가능발전목표(SDGs, Goals)를 고려하지 않고는 달성할 수 없다. 경제 성장, 지속 가능한 소비 및 기후 행동. 마찬가지로 남획 종식은 목표3 전반에 걸쳐 많은 목표를 달성하기 위한 전제 조건으로 확인되었다.

신뢰할 수 있는 인증 및 에코 라벨링 프로그램은 광범위한 목표에 적용할 수 있는 하나의 도구이며 전 세계적으로 남획을 종식시키기 위한 솔루션의 일부다.

해양 관리 위원회

MSC(Marine Stewardship Council)는 지속 불가능한 어업 문제를 해결하고 미래를 위한 해산물 공급을 보호하기 위해 설립된 국제 비영리 조직이다. MSC는 현재 전 세계 해양 어획량의 12%가 인증된 야생 포획 인증 분야의 리더로 널리 인정받고 있다.

MSC의 과학 기반 에코라벨 및 어업 인증 프로그램은 환경적으로 지속 가능한 어업 관행을 인정하고 보상하고 사람들이 해산물을 구매할 때 선택에 영향을 미침으로써 세계 해양의 건강에 기여한다. 변화 이론은 에코 라벨이 부착된 제품에 대한 소비자의 욕구와 시장 수요가 어업이 MSC 인증을 획득하도록 장려하고 이러한 어업의 지속 가능성을 입증하려는 노력이 물에 긍정적인 변화를 가져온다는 것이다.

Partnership Dialogue 4: UN Ocean Conference에서 지속 가능한 어업 만들기에 대한 개념 문서의 일부로 MSC 프로그램은 파트너십 및 지속 가능한 해산물 공급망을 개발하기 위한 유망한 도구로 인식되었다. MSC가 지원하는 글로벌 파트너십의 한 예는 '해양 관리를 위한 해산물 사업' 이니셔티브다. Stockholm Resilience Centre가 주도하는 이 이니셔티브는 목표 14를 지원하는 과학에 글로벌 해산물 비즈니스를 연결하고 세계 최대 해산물 회사 10곳의 해양 책임 서약을 포함한다.

IES 포럼: 기후 변화와 해양 환경

해양과 기후는 불가분의 관계에 있으며 인위적인 기후 변화는 해양 환경에 심각한 영향을 미치고 있다. 이 포럼에서는 현재까지 기후 변화가 해양에 미치는 영향, 측정 방법 및 기후 적응에서 해양의 역할을 탐구한다. 다음 주제에 대해 세 명의 전문 연사가 발표한다.

기후 변화가 해양에 미치는 영향: 우리는 무엇을 알고 있으며 어떻게 측정합니까? Katy Hill, 영국 G7 해양 과학 코디네이터

"바다는 우리의 일상에서 멀리 떨어져 있는 것 같지만 접시 위의 음식부터 우리가 숨 쉬는 산소, 우리가 경험하는 날씨까지 바다 곳곳에 닿아 있습니다. 또한 바다는 기후 시스템에서 중심적인 역할을 합니다. 기후 시스템에 갇힌 초과 열의 90% 이상과 탄소의 25% 이상을 차지했습니다. 이러한 특성을 흡수, 저장 및 재분배하는 방법은 우리의 기후와 해양 생태계에 큰 영향을 미칩니다. 기후변화는 해양산성화, 해양탈산소화, 생물종의 이동 등 해양환경 문제로 이어지고 있습니다. 최근 몇 년 동안 해양을 측정하는 능력이 발전함에 따라 기후에서 해양의 역할에 대한 이해가 크게 향상되었습니다. 이 강연에서는 해양 기후에 미치는 영향, 흥미진진한 새로운 기술 발전을 포함하여 해양을 측정하는 방법의 발전에 대한 개요를 제공하고 관련 의사 결정을 지원하기 위한 관측 시스템 및 디지털 도구를 개발하는 방법 측면에서 미래를 내다볼 것입니다. 해양 환경을 관리하고 보호하는 것입니다. 이 강연은 또한 우리의 바다를 측정, 이해 및 예측하고 국제적인 의사 결정에 정보를 제공하기 위한 글로벌 협력을 가능하게 한 국제 구조 및 메커니즘을 다룰 것입니다."

20년 가까운 해양기후변화영향파트너십(MCCIP: Marine Climate Change Impacts Partnership) 약 20분 만에…폴 버클리 수석과학자

"2005년부터 MCCIP는 영국 해안 및 해양 기후 변화 문제

에 대해 공정한 커뮤니티 관점을 제공했습니다. 수백 명의 주요 과학자들이 자원하여 해수면 상승에서 바닷새, 기온, 운송에 이르기까지 수십 가지 주제에 대한 MCCIP 피어 리뷰 논문을 작성했습니다. MCCIP는 또한 위험을 평가하고 솔루션을 개발하기 위해 무역 협회 및 보존 단체와 같은 이해 관계자 커뮤니티와 협력합니다. 우리는 최근 영국의 14개 해외 영토에 걸쳐 기후 변화에 대한 최초의 평가를 발표하면서 해외 해역에 발을 담갔습니다. 이 대화에서 우리는 이해관계자 그룹 전반에서 효과적으로 작업한 경험과 영향 및 적응 프로젝트의 주요 결과를 공유할 것입니다."

해양 보호 지역의 기후 변화 적응과 생물 다양성 보전 통합 Derek Tittensor, Jarislowsky 해양 생태계 예측 의장

"해양 보호 지역의 글로벌 네트워크는 인간의 영향으로부터 해양 생물 다양성을 보호하도록 설계되었습니다. 그러나 기후 변화는 생물 다양성과 보전 조치 모두에 대한 도전과 위험을 나타냅니다. 이러한 문제에 대해 논의하고 기후에 탄력적인 보호 지역 네트워크 구축을 시작할 수 있는 방법에 대해 논의할 것입니다."

Paul Buckley는 CEFAS(Centre for the Environment, Fisheries and Aquaculture Science: 환경, 어업 및 양식 과학 센터)의 수석 과학자다. 그는 영국 해양 기후 변화 영향 파트너십(MCCIP)의 프로그램 관리자로 정부, 기관, 과학자, 산업, NGO 및 더 넓은 이해 관계자 커뮤니티 간에 고유한 인터페이스를 제공한다. 그는 대중 인식 및 해양 이해력을 포함하여 많은 EU 프레임워크 프로젝트에서 주도적인 역할을 수행했으며 카리브해, 태평양, 중동 및 영국 해외 영토에서 기후 변화 위험 평가를 수행했다.

Katherine (Katy) Hill 박사는 해양 및 기후 과학 분야에서 20년 이상의 전문 경험을 보유하고 있으며 국가, 국제 및 정부 간 수준에서 특히 과학과 정책 간 인터페이스 및 지속적인 해양 관측, 데이터 및 예측에 대한 투자 사례에 중점을 두고 있다. 하부 구조. Katy는 영국 G7 해양 과학 코디네이터이자 G7 FSOI(Future of the Seas and Oceans Initiative) 조정 센터의 공동 책임자다. 이전에 Katy는 GCOS(Global Climate Observing System) 및

GOOS(Global Ocean Observing System)에서 근무했다. Katy는 또한 University of Southampton의 방문 연구원이며 해양 과학 정책과 국제 관계 간의 인터페이스에서 일하는 학생들을 멘토링한다.

Derek Tittensor는 캐나다 핼리팩스에 있는 Dalhousie University의 해양 생태계 예측 부문 Jarislowsky 의장이다. 그는 해양 생물 다양성, 보존 및 해양 미래와 관련된 문제에 대해 연구한다.

환경과학연구소(IES)는 환경과학에 대한 대중의 인식을 증진시키고 높이는 자선 단체로 어업 인증을 통해서 전 세계적인 남획으로부터 해양자원을 보호하고, 지속가능한 해양자원 관리 생태계를 조성한다. 또한 IES포럼을 통해서 기후변화가 해양에 미치는 영향을 연구하여 발표함으로 지속가능한 해양 자원 관리의 기준을 제시한다. 이를 위해 해양 기후 변화 파트너십(MCCIP)는 20년에 걸쳐서 협력하고 있다. 더 나아가 IES 포럼은 해양보호구역의 기후변화 적응과 생물다양성 보존 통합을 위해서 기후복원력이 뛰어난 보호지역 네트워크를 육성하는 방법을 논의하였다.

이러한 IES이 다양한 노력은 해양자원을 보존하고, 해양자원의 지속가능한 개발 생태계를 육성하는 데 기여하고 있다. 따라서 IES의 사례는 아가페사랑경영관점에서 볼 때, 보호와 육성이라는 아가페사랑경영관점의 두 가지 핵심 요소를 모두 갖추고 있을 뿐 아니라, 다양한 파트너십과의 오랜 협력을 통한 진정성을 드러내고 있어, 파트너십과 협력이라는 아가페사랑경영관점을 실천하는데 나타나는 대표적인 특징인 파트너십과 협력을 잘 보여주고, 진정성이라는 아가페사랑경영관점의 특징 또한 잘 나타내고 있다.

(3) 해양관리협의회

해양관리협의회(The Marine Stewardship Council: MSC)는 지속 불가능한 어업 문제를 해결하고 미래를 위해 해양자원을 보호하기 위해 설립된 국제 비영리 단체이다. MSC는 현재 전 세계 해양 어획량의 12%가 인증을 받는 등 야생 포획 인증의 선두주자로 널리 인정받고 있다. MSC의 과학 기반 에코라벨 및 어업 인증 프로그램은 환경적으로 지속 가능한 어업 관행을 인정하고 보상하며 사람들이 해산물을 구입할 때 내리는 선택에 영향을 줌으로써 세계 해양의 건강에 기여한다. MSC의 변화 이론은 에코라벨을 부착한 제품에 대한 소비자의 욕망과 시장의 수요가 어업에 MSC 인증을 획득하도록 장려하고, 지속 가능성을 입증하기 위한 이러한 어업의 노력은 수면에 긍정적인 변화를 초래한다고 주장한다.

유엔 해양 회의에서 파트너십 대화에 관한 개념 문서 4: 어업 지속가능화의 일환으로, MSC 프로그램은 파트너십과 지속 가능한 해산물 공급망을 개발하기 위한 유망한 도구로 인식되었다. MSC가 지원하는 글로벌 파트너십의 한 예는 '해양 관리를 위한 해산물 비즈니스' 이니셔티브이다. 스톡홀름 회복력 센터가 이끄는 이 계획은 목표 14를 지원하기 위해 세계 해산물 사업을 과학에 연결하고 세계 최대 해산물 회사 10곳의 해양 책임 공약을 포함합니다.

인증 어업 및 수중 생활

어업의 모범 사례를 장려함으로써 MSC는 남획 중단, 생태계 관리 구현, 불법, 미신고, 규제 없는 어업 제거 등 목표 14의 몇 가지 목표에 기여한다. 매년, MSC는 해양 자원 보호에 대한 프로그램의 영향에 대한 종합적인 분석을 수행한다. MSC Global Impacts Report 2017은 이 분석 결과를 포함하고 있으며, 어류 재고와 해양 서식지를 보호하기 위해 인증된 어업에 의해 이루어진 수천 가지 이상의 긍정적인 변화 사례를 포함하고 있다. MSC 인증어업에 의한 지속가능성 개선 중 39개 어업에 의한 117건의 조치가 서식지 상태, 관리, 정보 개선에 기여하였다. 전체적으로 MSC 인증 어업은 서식지에 미치는 영향을 더 잘 이해하고 최소화하기 위한 노력의 일환으로 46개의 새로운 과학 연구 프로젝트에 참여했다.

인증 과정은 종종 어업과 환경 과학자들 사이의 파트너십을 용이하게 한다. 예를 들어, 런던 동물학회와 지속 가능한 어업 그린란드 간의 최근 협력은 북극해의 해저 서식지에 대한 새로운 정보를 밝혀냈고, 산호와 스펀지를 보호하기 위한 해양 보호 구역을 지정하고 어선의 장기적인 지속 가능성을 보장했다. 어업과 환경 과학이 발전함에 따라 MSC 어업 표준(Box 1)은 진화하는 모범 사례를 반영하여 지속적으로 업데이트된다. 광범위한 과학자를 포함한 이해관계자들은 MSC의 정책 개발 과정을 통해 이러한 변화에 기여한다.

기아 및 경제 생산성 제로

MSC 인증 어업은 또한 식량 안보 및 지속 가능한 경제 성장과 관련된 지속 가능한 개발 목표를 달성하는 데 도움이 될 수 있다. 어류 재고량을 지속 가능한 수준으로 유지하거나 재건하는 것은 식량의 장기적인 가용성을 보장하기 위해 필수적이다. 그리고 좋은 과학적 조언은 어업 관리자들이 효과적인 관리 관행을 제공할 수 있는 능력을 뒷받침한다. 이러한 방식으로 해양 및 환경 과학자는 증가하는 MSC 인증 어업과 함께 SDG 목표를 달성하는 데 핵심적인 역할을 한다. 이러한 것들이 보장되지는 않지만, 많은 어업, 무역업자, 가공업자 및 소매업자들은 MSC 인증의 결과로 선호 시장에 대한 접근과 가격 프리미엄을 포함한 경제적 이익을 경험했다. 이 중에는 남아프리카 공화국의 하크 트롤도 있는데, 최근 분석 결과 MSC 인증을 잃으면 5년 동안 37.6%의 가치 손실이 발생하고 5,000~12,000개의 일자리가 위험에 처하게 될 것이라고 결론지었다.

그러나 MSC 프로그램의 의도된 환경적 영향은 명확하게 규정되어 있지만, MSC 프로그램의 시행에서 나타나는 사회적, 경제적 영향은 가변적이고 상황에 따라 다르다. MSC는 현재 인증의 영향을 보다 총체적으로 평가하기 위해 인증으로 인한 새로운 효과를 연구하고, 환경 지속 가능성을 개선하려는 노력이 사회 및 경제 개발 목표에 어떤 영향을 미치는지 평가하는 방법을 개발하고 있다. 사이언스 저널의 최근 연구는 해산물 지속가능성의 사회적 차원에 대한 연구가 상대적으로 얼마나 적게 수행되었는지를 강조했고, MSC는 MSC의 프로젝트가 이 격차를 메우는 데 기여하기를 바란다.

책임소비

2016년에는 MSC를 대신하여 해산물 소비에 대한 사상 최대 규모의 글로벌 분석이 수행되었다. 그 연구는 지속가능성이 해산물 구매의 핵심 동력이라는 것을 발견했다. 21개국에서, 지속가능성은 가격과 브랜드보다 더 중요한 것으로 평가되었고, 72%의 해산물 소비자는 바다를 구하기 위해 쇼핑객들이 지속가능한 공급원의 해산물만 섭취해야 한다는 데 동의했다. 신뢰할 수 있는 지속가능성 기준을 사용하는 것은 독립 음식점에서 다국적 기업에 이르기까지 기업이 목표 12(책임 있는 소비 및 생산)에 기여할 수 있는 가장 구체적이고 직접적인 방법 중 하나이다. 최근 GlobeScan/Sustainability Survey(2017년 3월)의 일환으로, 500명의 지속가능성 전문가들에게 지속가능 발전을 위한 가장 큰 진전을 이루기 위해 사회가 가장 중점을 두어야 할 목표가 무엇인지 물었다. 목표 12는 17 목표 중 공동 3위에 올라 그 중요성을 강조했다. 지속 가능한 생산품 시장은 수역의 긍정적인 변화뿐만 아니라 인증된 어업에 대한 경제적 이익을 가능하게 하기 때문에 소비자들은 추적 가능하고 지속 가능한 해산물을 구매하기로 선택함으로써 목표를 달성하는 데 도움을 준다.

지속가능한 해산물의 미래

2020년까지 남획된 어획량을 복원하고 목표 14 내에 설정된 목표를 달성하기 위해, 최근 연구는 선진국의 성공적인 지속 가능한 어업 정책을 개발도상국으로 복제하는 데 더 큰 중점을 두어야 한다고 결론지었다. 이는 저개발 국가의 거버넌스, 데이터 가용성 및 관리 시스템 문제로 인해 어려울 수 있다. MSC는 이러한 과제를 해결하고 소규모 및 개발 중인 세계 어업의 지속 가능성을 보장할 필요성을 인식하고 있다. 이를 위해 MSC의 개발도상국 프로그램에는 역량 강화 훈련, 어업 개선 도구 및 데이터 부족 어업 평가를 위한 위험 기반 프레임워크와 같은 이니셔티브가 포함되어 있다. 모두 인증의 접근성을 향상시키는 것을 목표로 합니다. 베트남 벤트레핸드조개어업은 동남아시아에서 처음으로 MSC 인증을 획득한 소규모 어장이다.

기후 변화는 또한 점점 커지는 우려의 영역이다. 2017년 GlobeScan/Sustainability Survey에서는 지속가능한 발전을 이루기 위해 사회가 가장 집중해야 할 목표 13(Climate Action)으로 꼽혔으며, 어업 과학자와 경영자에게 기후 관련 영향이 점점 중요해지고 있다. MSC 인증에 필요한 생태적 지속가능성은 급변하는 세상에서 수산 및 해양 생태계의 복원력을 향상시켜 부정적 영향을 완화하는 데 도움이 될 수 있다. 어업과 해양 생태계는 해양 건강, 식량 안보, 경제 발전에 필수적이기 때문에 지속 가능한 관리가 중요하다. 목표 14는 빈곤, 기아, 양질의 일자리, 지속 가능한 소비 및 기후 행동에 초점을 맞춘 다른 목표와 통합되고 분리될 수 없다. MSC와 같은 신뢰할 수 있는 에코 라벨링 및 인증 프로그램은 어업 과학자, 환경 보호 실무자 및 사회 과학자가 산업, 정부, 기업, 비정부 기구 및 소비자와 협력하여 SDG를 제공할 수 있는 하나의 도구이다.

해양관리협의회(MSC)는 지속 불가능한 어업 문제를 해결하고 미래를 위해 해양자원을 보호하기 위해 설립된 국제 비영리 단체로서 야생 포획 인증을 통해 어업과 관련된 기준을 제시하고 있다. MSC의 과학 기반 에코라벨 및 어업 인증 프로그램은 환경적으로 지속 가능한 어업 관행을 인정하고 보상하며 사람들이 해산물을 구입할 때 내리는 선택에 영향을 줌으로써 세계 해양의 건강에 기여한다. MSC는 소규모 및 개발 중인 세계 어업의 지속 가능성을 보장할 필요성을 인식하고, 이를 위해 역량 강화 훈련, 어업 개선 도구 및 데이터 부족 어업 평가를 위한 위험 기반 프레임워크와 같은 이니셔티브가 포함되어 있는 MSC의 개발도상국 프로그램을 실시하여 모든 관계자들의 인증의 접근성을 향상시키고 노력하고 있다. 또한 MSC와 같은 신뢰할 수 있는 에코 라벨링 및 인증 프로그램은 어업 과학자, 환경 보호 실무자 및 사회 과학자가 산업, 정부, 기업, 비정부 기구 및 소비자와 협력하여 해양 자원을 보호하고, 지속가능한 해양 자원관리 생태계를 육성하고, 지속가능한 어업의 기준을 제시하고 있다.

이러한 MSC의 사례는 아가페사랑경영관점으로 볼 때, 보호와 육성이라는 아가페사랑경영관점의 두 가지 핵심요소를 갖추고 있으며, 기준 제시라는 아가페사랑경영관점의 특징과 파트너십과 협력이라는 아가페사랑경영관점의 실천과정에서 나타나는 대표적인 특징을 잘 나타내고 있다.

(4) United Nations Dacade of Ocean Science for Sustainable Development(유엔 지속 가능한 개발을 위한 해양 과학 데케이드)

2022년 유엔 해양 회의에 대하여

바다는 지구 표면의 70%를 덮고 있고, 지구상에서 가장 큰 생물권이며, 세계 모든 생명체의 80%가 살고 있다. 그것은 지구가 필요로 하는 산소의 50%를 생성하고, 모든 이산화탄소 배출의 25%를 흡수하며, 이러한 배출에서 발생하는 추가적인 열의 90%를 포착한다. 그것은 단지 '지구의 폐'일 뿐만 아니라 기후 변화의 영향을 막는 중요한 완충제인 가장 큰 탄소 배출구이기도 하다. 그것은 상상할 수 없는 생물 다양성을 육성하고 지구상의 생명체가 생존하고 번영하는 데 필요한 식량, 일자리, 광물, 에너지 자원을 생산한다. 인류가 아직도 바다에 대해 모르는 것이 많지만 해양을 지속 가능한 개발 목표 14: 물 아래의 삶이라는 목표에 명시된 것처럼 해양을 지속 가능하게 관리해야 하는 많은 이유가 있다. 과학은 명확하다 - 바다는 인간 활동의 결과로 전례 없는 위협에 직면해 있다. 세계 인구가 증가하고 인간 활동이 증가함에 따라 그것의 건강과 생명 유지 능력은 악화될 것이다. 만약 기후 변화, 식량 불안, 질병, 전염병, 생물 다양성의 감소, 경제적 불평등, 심지어 갈등과 분쟁과 같은 현 시대의 가장 결정적인 문제들을 다루고 싶다면, 지금 해양 상태를 보호하기 위해 행동해야 한다.

국제 연합 해양 회의 - 목표 14 구현을 위한 과학 및 혁신에 기반한 해양 활동 확대: 재고 확보, 파트너십 및 솔루션

케냐와 포르투갈 정부가 공동 주최하는 해양회의는 세계가 코로나19 범유행으로 드러나고 SDGs에 고정된 주요 구조적 변화와 공통의 공유 솔루션을 필요로 하는 사회의 많은 뿌리 깊은 문제를 해결하고자 하는 중요한 시기에 열렸다. 행동을 동원하기 위해, 총회는 세계 해양 행동의 새로운 장을 시작하는 것을 목표로 매우 필요한 과학 기반의 혁신적인 해결책을 추진하려고 했다. 지속 가능한 해양 관리를 위한 해결책은 녹색 기술과 해양 자원의 혁신적인 사용을 포함한다. 그들은 건강, 생태, 경제, 해양에 대한 위협 - 산성화, 해양 쓰레기 및 오염, 불법, 보고되지 않은 그리고 규제되지 않은 어업, 그리고 서식지와 생물 다양성의 손실 -을 다루는 것을 포함한다.

리더십

케냐와 포르투갈 정부는 해양 회의를 공동 주최했다. 류젠민 유엔 경제사회부 사무차장이 회의 사무총장을, 미겔 데 세르파 소아레스 법무부 사무차장이 해양 및 법률 문제에 관한 해양 회의 의장 특별 고문을 맡았다.

유엔 사무총장의 해양특사 피터 톰슨 대사

2017년, 유엔 사무총장 구테흐스는 피지의 피터 톰슨 대사를 해양 특사로 임명하여 2017년 유엔 해양 회의의 결과에 대한 후속 조치를 활성화하고 해양, 해양 및 해양 자원을 보존하고 지속 가능하게 사용하기 위한 행동의 모멘텀을 유지하는 것을 목표로 삼았다.

목표 14: 물 아래에서의 생명

2015년 지속 가능한 개발을 위한 2030 어젠다와 그것의 17가지 변형 목표의 필수적인 측면으로 채택된 목표 14는 세계의 해양, 해양 및 해양 자원을 보존하고 지속 가능하게 사용할 필요성을 강조한다. 목표 14의 진전은 해양 오염 감소, 해양 및 해안 생태계 보호, 산성화 최소화, 불법 및 남획 종료, 과학 지식과 해양 기술에 대한 투자 증가, 그리고 이를 요구하는 국제법 존중을 포함한 다양한 해양 문제에 초점을 맞춘 바다와 그 자원의 안전하고 지속가능한 사용이라는 특정 목표에 의해 안내된다.

지속가능한 발전을 위한 유엔 해양과학의 10년 2021-2030

대양의 대부분은 지도도 없이, 관찰되지 않고, 탐사되지 않은 채로 남아 있다. 해양에 대한 우리의 이해와 지속 가능성에 대한 기여는 적절한 인프라와 투자로 뒷받침된 연구와 지속적인 관찰을 통해 효과적인 해양 과학을 수행할 수 있는 우리의 능력에 크게 달려 있다. 더 데케이드는 해양과학이 해양과 바다의 관리를 강화하기 위한 새로운 토대를 만들어 해양을 지속가능하게 관리하고, 특히 2030년 지속가능한 발전을 위한 어젠다를 달성하기 위한 국가들의 행동을 완전히 지원할 수 있도록 하는 인류를 위한 공통의 틀을 제공한다.

마지막으로 유엔 지속 가능한 개발을 위한 해양 과학 데케이드(이하 데케이드)는 2022년 유엔 해양 회의를 통해서 바다는 상상할 수 없는 생물 다양성을 육성하고 지구상의 생명체가 생존하고 번영하는 데 필요한 식량, 일자리, 광물, 에너지 자원을 생산한다. 그런데 바다는 인간 활동의 결과로 전례 없는 위협에 직면해 있다. 세계 인구가 증가하고 인간 활동이 증가함에 따라 그것의 건강과 생명 유지 능력은 악화될 것이다.

만약 기후 변화, 식량 불안, 질병, 전염병, 생물 다양성의 감소, 경제적 불평등, 심지어 갈등과 분쟁과 같은 현 시대의 가장 결정적인 문제들을 다루고 싶다면, 지금 해양 상태를 보호하기 위해 행동해야 한다고 밝혔다. 지속 가능한 해양 관리를 위한 해결책은 녹색 기술과 해양 자원의 혁신적인 사용을 포함한다.

또한 건강, 생태, 경제, 해양에 대한 위협 - 산성화, 해양 쓰레기 및 오염, 불법, 보고되지 않은 그리고 규제되지 않은 어업, 그리고 서식지와 생물 다양성의 손실 -을 다루는 것을 포함한다. 더 데케이드는 해양과학이 해양과 바다의 관리를 강화하기 위한 새로운 토대를 만들어 해양을 지속가능하게 관리하고, 특히 2030년 지속가능한 발전을 위한 어젠다를 달성하기 위한 국가들의 행동을 완전히 지원할 수 있도록 하는 인류를 위한 공통의 틀을 제공한다.

이러한 데케이드는 해양자원을 해양에 대한 위협으로부터 보호하고, 해양 자원의 지속가능한 생태계를 육성하는 데 공헌하며, 이에 필요한 기준을 제시한다. 이 과정에서 다양한 이해관계자들과 파트너십을 맺고 협력한다.

이러한 데케이드의 사례는 아가페사랑경영관점에서 볼 때, 보호와 육성이라는 아가페사랑경영관점의 두 가지 핵심 요소를 모두 갖추고 있으며, 기준을 제시하는 아가페사랑경영관점의 특징과 파트너십과 협력이라는 아가페사랑경영관점을 실천하는 과정에서 나타나는 특징을 잘 보여주고 있다.

6. 마치는 글

지금까지 SDG 14. 해양 자원의 보존과 지속가능한 사용이라는 목표를 달성하고자 하는 기업들과 NGO들의 다양한사례를 살펴보았다.

먼저 세부목표 14.1)과 관련된 다우는 해양과 수로의 잔해와 오염물질을 제거하기 위해 30년 이상 Ocean Conservancy과 협력해왔다. 이러한 파트너십은 다우의 SDG 14를 실현하고자 하는 진정성을 보여준다. 다우는 다양한 노력을 통해서 해양자원을 보호하고, 지속가능한 해양자원이 가능하도록 생태계를 육성하고 있다. 또한 이러한과정에서 다양한 기관과, 정부, 도시 지도자들과 파트너십을구축하고 협력하고 있다.

이러한 다우의 사례는 아가페사랑경영관점에서 볼 때, 보호와 육성이라는 아가페사랑경영관점의 두 가지 핵심요소를모두 갖추고 있으며, 파트너십과 협력, 자사의 기술력을 활용하는 자력활용의 아가페사랑경영관점을 실천할 때 나타나

는 특징들을 잘 보여준다. 특히 이러한 노력을 장기간 지속
함하고 막대한 자금을 투자함으로써 진정성이라는 아가페사
랑경영관점의 특징을 잘 나타내고 있다.

P&G는 해양으로 유입되는 플라스틱의 흐름을 줄이기 위해
플라스틱이 쓰레기가 아닌 자원으로 취급하도록 다양한 단
체들과 함께 파트너십을 맺어 협력하였다. 더 나아가 '플라
스틱 폐기물을 종식시키기 위한 연합'의 회장으로 P&G의
CEO가 임명될 정도로 플라스틱 폐기물 종식을 위한 P&G
의 진정성을 보여주고 있다. 이러한 P&G의 진정성 있는
노력은 해양을 플라스틱 쓰레기로부터 보호하고 지속가능한
해양 자원의 활용이 가능하도록 생태계를 육성하고 있다.

이러한 P&G의 사례는 아가페사랑경영관점에서 볼 때, 보호
와 육성이라는 아가페사랑경영관점의 두 가지 핵심요소를
모두 갖추고 있을 뿐 아니라, 파트너십과 협력이라는 아가
페사랑경영관점을 실천할 때 나타나는 대표적인 특징을 보
여주며, 진정성이라는 아가페사랑경영관점의 특징 또한 잘
나타내고 있다.

세부목표 14.2), 세부목표 14.3), 세부목표 14.4)와 관련된 기업은 카길이다. 카길은 카길 아쿠아 영양 지속 가능성 보고서를 통해 아쿠아 영양 지속성과 관련된 새로운 기준을 제시하여 가치사슬 접근방식을 기반으로 지속가능성에 대한 관점을 광범위한 사회적 영향까지 확대한다. 카길의 노력은 해양 및 바다를 환경오염으로부터 보호하고, 지속가능한 생태계로 육성하는데 기여하여 SDG 14를 성취하는데 공헌한다. 이러한 카길의 사례는 아가페사랑경영관점의 보호와 육성이라는 두 가지 핵심요소를 모두 갖추었고, 기준제시라는 아가페사랑경영관점의 특징을 잘 나타내고 있다.

또한 세부목표 14.5), 세부목표 14.6), 세부목표 14.7), 세부목표 14.A)와 관련된 세계해양협의회는 SDG 14의 다양한 세부목표를 이루기 위해서 다양한 해양 산업 전 분야의 다양한 이해관계자들과 협력하고, 해양산업 전반에 대한 새로운 기준을 제시한다. 더 나아가 해양 오염으로부터 바다와 해양을 보호하고, 해양산업 생태계를 지속가능하도록 육성한다.

이러한 세계해양협의회의 사례는 아가페사랑경영관점에서

볼 때, 보호와 육성이라는 두 가지 핵심요소를 모두 갖추고 있으며, 파트너십과 협력이라는 아가페사랑경영관점을 실천하는 과정에서 나타나는 대표적인 특징을 잘 보여주고 있다. 특히 세계해양협의회는 지속가능한 해양 산업에 대한 기준을 제시함으로써 기준제시라는 아가페사랑경영관점의 특징을 잘 나타나고 있다.

세부목표 14.B)에 해당하는 기업인 월마트는 지속 가능한 해산물을 조달하기 위한 월마트의 약속은 어부, 가공업자, 수입업자, 지방 정부, NGO 및 제조업체가 지역별 어업 및 양식 개선 프로젝트를 개발하기 위해 함께 협력한다. 이러한 월마트의 노력은 소규모 어부들을 보호하고, 이들이 해양 자원 및 시장에 대한 접근이 가능한 생태계를 육성하고 있다. 그 과정에서 월마트는 수많은 이해관계자들과 파트너십을 맺고 협력한다.

이러한 월마트의 사례는 아가페사랑경영관점에서 볼 때, 보호와 육성이라는 아가페사랑경영관점의 두 가지 핵심요소를 모두 갖추고 있으며, 파트너십과 협력이라는 아가페사랑경영관점을 실천하는 과정 가운데서 나타나는 대표적인 특징을 잘 보여준다.

또한 세부목표 14.C)와 관련된 기업 또한 월마트로 월마트의 해산물 수급정책은 무분별한 어획으로부터 해양 자원을 보존하고, UNCLOS에 반영된 국제법의 기준을 제시하여, 지속가능한 해양 생태계를 육성한다. 이러한 월마트의 사례는 아가페사랑경영관점에서 볼 때, 보호와 육성이라는 아가페사랑경영관점의 두 가지 핵심요소를 모두 갖추고 있으며, 기준 제시라는 아가페사랑경영관점의 대표적인 특징을 잘 나타내고 있다.

다농은 2025년까지 모든 종류의 해양 오염, 특히 해양 잔해 및 영양소 오염을 포함한 육상 활동에서 발생하는 해양 오염을 방지하고 현저하게 감소시킨다는 SDG 14.1의 세부목표를 달성하고자 노력함으로써 SDG 14 달성에 기여하고 있다. 2025년까지 차세대 포장 재료 및 모델을 탐색하기 위한 2억 유로의 전용 기금을 출시함으로써 지원될 것이다. 이러한 다농의 노력들을 구체적이고 다양하며, 막대한 기금을 투자하고 있어 매우 진정성이 있으며, 이를 통해 플라스틱 쓰레기로부터 해양 자원을 보존하고, 지속가능한 해양자원을 위한 생태계를 육성하고 있다.

이러한 다농의 사례는 아가페사랑경영관점에서 볼 때, 보호
와 육성이라는 아가페사랑경영관점의 두 가지 핵심 요소를
모두 갖추고 있으며, 진정성이라는 아가페사랑경영관점의
특징을 잘 나타내고 있다. 우드는 해양자원 남획으로부터
해양자원을 보호하고, 해양자원을 보다 지속가능하게 하는
생태계를 육성하여 SDG 14의 실현에 기여하고 있다. 또한
자사의 기술력을 활용하는 자력활용이라는 아가페사랑경영
관점을 실천할 때 나타나는 특징을 잘 보여주고 있다.

마즈의 SHEBA® Hope Reef 산호초 복원 계획은 전 세계
주요 장소에 올림픽 수영장 148개 크기인 185,000 평방미
터 이상의 산호초를 복원하는 것으로, 기후 변화, 과도한
착취, 파괴적인 어업 관행 및 해양 오염으로부터 해양 자원,
특히 산호초를 보호하고, 산호초를 비롯한 해양 자원이 지
속가능한 생태계를 육성하고자 한다.

이러한 마즈의 사례는 아가페사랑경영관점에서 볼 때, 보호
와 육성이라는 두 가지 핵심 요소를 갖추고 있으며, 제과회

사 브랜드에 걸맞게 산호초의 복원을 진행하는 것도 브랜드와 연관성을 가진 진정성이 느껴지는 사례라고 볼 수 있어 아가페사랑경영관점의 특징인 진정성을 잘 보여주고 있다.

오션보틀은 매일 2천 2백만 킬로그램의 플라스틱이 바다도 들어가 위협받고 있는 해양과 해양자원을 보호하고, 이로 인하여 모금된 기금을 해양플라스틱 위기의 최선에 사는 사람들의 생계가 지원되도록 하는 선순환 생태계를 육성했다는 측면에서 매우 의미가 있는 사례이다.

이러한 오션보틀의 사례는 아가페사랑경영관점에서 볼 때, 보호와 육성이라는 아가페사랑경영관점의 두 가지 핵심요소를 모두 갖춘 사례이면서, 그 선순환의 생태계가 해양플라스틱 위기의 최전선에 사는 사람들의 생계를 지원한다는 측면에서 매우 혁신적인 사례라고 볼 수 있다.

바클레이스는 영국에 본사를 둔 글로벌 금융 서비스 기업으로서 바다를 기후 위험으로부터 보호하기 위해서 블루마린 재단(BLUE)과 협력하고 있다. BLUE는 해양 보호 구역의 조성, 중요한 서식지 복원, 지속 가능한 어업 생태계를 육성하는 데 전념하고 있다. 바클레이스는 BLUE와 협력하여, 해양 자원을 보호하고 복원하여, 지속 가능한 관리 시스템을 육성하고 노력한다.

이러한 바클레이스의 사례는 해양과 해양 자원을 환경 위협으로부터 보호하고, 지속가능한 해양 자원의 관리 시스템과 어업 생태계를 육성한다는 측면에서, 아가페사랑경영관점에서 볼 때, 보호와 육성이라는 아가페사랑경영관점이 두 가지 핵심 요소를 모두 갖추고 있으며, 파트너십과 협력이라는 아가페사랑경영관점을 실천하는 과정 가운데 나타나는 대표적인 특징을 잘 보여주고 있다.

또한 NGO 단체인 유엔식량농업기구(FAO)는 가봉의 양식장 산업을 육성하여 가봉 경제에 기여할 뿐 아니라, 무분별한 해양자원을 남획하는 것으로부터 해양자원을 보호하여, 해양 자원을 지속가능하게 개발하도록 하는 지속가능한 해양 자원 생태계를 육성한다.

또한 FAO가 설립한 지중해 지역 어업 관리 기구는 온난화로 인한 해수면 온도의 상승으로 침입해 온 비토종 종의 위협으로부터 지중해 인근의 해양 자원을 보호하고, 더 나아가 비토종을 새로운 시장을 개척하는 새로운 수익창출의 비즈니스 생태계로 육성하여 어업 종사자들의 소득을 증대시켜 주고 있다.

FAO이 또 다른 사례는 FAO의 노력을 통해서 재순환 양식 시스템으로 인한 지속가능한 진주 양식을 통해 해양 자원을 보호하면서도, 진주산업의 활성화로 지속적인 수익을 종사자들에게 가져다 줄 수 있는 새로운 진주 산업 생태계가 육성되고 있다는 것이다.

마지막으로 FAO는 소규모 장인어업인, 양식어업인, 양식어업인의 업무 가치를 인정함으로써 해양 및 천연자원의 책임 있고 지속 가능한 사용을 통해 인간 복지, 건강 식품 시스템 및 빈곤 퇴치에 대한 기여도를 높일 수 있는 권한을 부여받는 세상을 만들고자 한다.

이러한 다양한 FAO의 사례들은 해양 자원을 보호할 뿐 아니라, 이러한 해양자원을 지속가능하게 개발하여 지속가능한 해양 자원 개발 생태계를 육성하고, 이를 통하여 어업 종사자들에게 소득을 향상시켜주는 매우 혁신적인 모델을 제시하고 있다.

이러한 FAO의 사례는 아가페사랑경영관점에서 보호와 육성이라는 두 가지 핵심 요소를 모두 갖추고 있을 뿐 아니라, 다양한 파트너십과 협력하여 프로젝트를 진행함으로써 파트너십과 협력이라는 아가페사랑경영관점을 실천하는 과정가운데 나타나는 파트너십과 협력이라는 대표적인 특징을 잘보여준다. 특히 FAO의 사례는 이러한 일련의 과정들을 통해서 영세한 어업 종사자들, 특히 여성들에게 소득의 증대와 일자리를 제공해 준다는 매우 혁신적인 모델이라고 볼수 있다.

환경과학연구소(IES)는 환경과학에 대한 대중의 인식을 증진시키고 높이는 자선 단체로 어업 인증을 통해서 전 세계적인 남획으로부터 해양자원을 보호하고, 지속가능한 해양자원 관리 생태계를 조성한다. 또한 IES포럼을 통해서 기후변화가 해양에 미치는 영향을 연구하여 발표함으로써 지속가능한 해양 자원 관리의 기준을 제시한다. 이를 위해 해양기후 변화 파트너십(MCCIP)는 20년에 걸쳐서 협력하고 있다. 더 나아가 IES 포럼은 해양보호구역의 기후변화 적응과 생물다양성 보존 통합을 위해서 기후복원력이 뛰어난 보호지역 네트워크를 육성하는 방법을 논의하였다.

이러한 IES이 다양한 노력은 해양자원을 보존하고, 해양자원의 지속가능한 개발 생태계를 육성하는 데 기여하고 있다. 따라서 IES의 사례는 아가페사랑경영관점에서 볼 때, 보호와 육성이라는 아가페사랑경영관점의 두 가지 핵심 요소를 모두 갖추고 있을 뿐 아니라, 다양한 파트너십과의 오랜 협력을 통한 진정성을 드러내고 있어, 파트너십과 협력이라는 아가페사랑경영관점을 실천하는데 나타나는 대표적인 특징인 파트너십과 협력을 잘 보여주고, 진정성이라는 아가페사랑경영관점의 특징 또한 잘 나타내고 있다.

또한 해양관리협의회(MSC)는 지속 불가능한 어업 문제를 해결하고 미래를 위해 해양자원을 보호하기 위해 설립된 국제 비영리 단체로서 야생 포획 인증을 통해 어업과 관련된 기준을 제시하고 있다. MSC와 같은 신뢰할 수 있는 에코라벨링 및 인증 프로그램은 어업 과학자, 환경 보호 실무자 및 사회 과학자가 산업, 정부, 기업, 비정부 기구 및 소비자와 협력하여 해양 자원을 보호하고, 지속가능한 해양자원관리 생태계를 육성하고, 지속가능한 어업의 기준을 제시하고 있다.

이러한 MSC의 사례는 아가페사랑경영관점으로 볼 때, 보호와 육성이라는 아가페사랑경영관점의 두 가지 핵심요소를 갖추고 있으며, 기준 제시라는 아가페사랑경영관점의 특징과 파트너십과 협력이라는 아가페사랑경영관점의 실천과정에서 나타나는 대표적인 특징을 잘 나타내고 있다.

마지막으로 유엔 지속 가능한 개발을 위한 해양 과학 데케이드(이하 데케이드)는 2022년 유엔 해양 회의를 통해서 바다는 상상할 수 없는 생물 다양성을 육성하고 지구상의 생명체가 생존하고 번영하는 데 필요한 식량, 일자리, 광물, 에너지 자원을 생산한다. 더 데케이드는 해양과학이 해양과 바다의 관리를 강화하기 위한 새로운 토대를 만들어 해양을 지속가능하게 관리하고, 특히 2030년 지속가능한 발전을 위한 어젠다를 달성하기 위한 국가들의 행동을 완전히 지원할 수 있도록 하는 인류를 위한 공통의 틀을 제공한다.

이러한 데케이드는 해양자원을 해양에 대한 위협으로부터 보호하고, 해양 자원의 지속가능한 생태계를 육성하는 데 공헌하며, 이에 필요한 기준을 제시한다. 이 과정에서 다양한 이해관계자들과 파트너십을 맺고 협력한다. 이러한 데케이드의 사례는 아가페사랑경영관점에서 볼 때, 보호와 육성이라는 아가페사랑경영관점의 두 가지 핵심 요소를 모두 갖추고 있으며, 기준을 제시하는 아가페사랑경영관점의 특징과 파트너십과 협력이라는 아가페사랑경영관점을 실천하는 과정에서 나타나는 특징을 잘 보여주고 있다.

이와 같이 다양한 기업들과 NGO단체들의 SDG 14를 성취하기 위한 노력은 인류를 지속가능하도록 만드는데 드는 단순한 비용이 아니라 지속가능한 인류를 위한 투자이다. 이러한 투자는 씨앗이 되어 반드시 열매로 돌아오게 될 것이다. (시 126:5) 『눈물을 흘리며 씨를 뿌리는 자는 기쁨으로 거두리로다』라는 성경 시편의 기록과 같이 현재 씨를 뿌리는 수많은 기업들과 NGO단체들의 노력은 반드시 SDG 14 해양 자원의 보존과 지속가능한 사용이라는 열매로 돌아와 기쁨으로 거두게 될 것이다. 이러한 노력이 지속되는 한 인류는 지속가능할 것이다.